LES PETITES ÉCOLIÈRES

LECTURES MORALES

SUR LES DÉFAUTS ET LES QUALITÉS DES ENFANTS

PAR

A.-F. CUIR

INSPECTEUR PRIMAIRE A LILLE
MEMBRE DU CONSEIL SUPÉRIEUR DE L'INSTRUCTION PUBLIQUE

TROISIÈME ÉDITION

PARIS

LIBRAIRIE HACHETTE ET Cⁱᵉ

79, BOULEVARD SAINT-GERMAIN, 79

LES PETITES ÉCOLIÈRES

LECTURES MORALES

SUR LES DÉFAUTS ET LES QUALITÉS DES ENFANTS

PAR

A.-F. CUIR

INSPECTEUR PRIMAIRE A LILLE

MEMBRE DU CONSEIL SUPÉRIEUR DE L'INSTRUCTION PUBLIQUE

TROISIÈME ÉDITION

PARIS

LIBRAIRIE HACHETTE ET Cie

79, BOULEVARD SAINT-GERMAIN, 79

1898

DU MÊME AUTEUR

Les petits écoliers. Livre de lectures morales sur les qualités et les défauts des enfants, rédigé à l'usage des écoles de garçons ou mixtes. Un vol. in-16 illustré de nombreuses gravures, cartonné. . . . . 60 c.

AVERTISSEMENT

Ce que comprennent le mieux les petits enfants, c'est tout ce qui se rapporte à ce qu'ils font chaque jour et à ce qu'ils voient faire par leurs camarades. On ne saurait donc choisir, pour un premier livre de lecture, de sujet plus naturel et plus utile que des exemples pris dans la vie ordinaire des petits écoliers.

Nous avons cherché à moraliser les enfants en leur montrant les qualités et les défauts habituels chez eux, et en les engageant à se corriger de ceux-ci pour acquérir celles-là.

Nous nous sommes attaché à donner aux phrases une tournure simple et familière qui en fît comprendre facilement le sens.

Pour animer et rendre intéressantes les leçons de lecture, nous mettons en scène, chaque fois, un enfant qui personnifie la qualité que nous recommandons ou le défaut que nous voulons atteindre; cela permet aux maîtres d'éveiller davantage l'attention des élèves, en faisant discrètement des allusions personnelles.

Les phrases sont aussi courtes que possible, et nous en avons éliminé les expressions peu connues, d'abord pour en rendre la lecture plus facile à des commençants, et ensuite pour que ce livre puisse servir à des exercices d'orthographe, en faisant étudier préalablement aux enfants, quant à la construction des mots, une partie quelconque d'une leçon.

Nous avons cru devoir consacrer quelques chapitres à la protection des animaux utiles, car, ainsi que l'a dit le bon La Fontaine, *cet âge est sans pitié*, et l'on ne saurait inculquer trop tôt aux enfants des sentiments d'humanité.

Enfin, nous avons ajouté à la fin du volume un choix de petites fables simples et naïves, destinées à être apprises par cœur, après avoir été lues et bien expliquées.

Les jolies gravures dont nos éditeurs ont illustré ce petit ouvrage peuvent aussi donner lieu à d'intéressantes leçons de langage.

Ce livre, mis entre les mains de la division élémentaire, peut donc servir pour la lecture, l'orthographe, la récitation, les leçons de morale et de langage.

A.-F. C.

LES
PETITES ÉCOLIÈRES
LECTURES MORALES

I. — La petite fille qui sait lire.

Julie sait lire; c'est parce qu'elle a été assidûment à l'école et qu'elle a écouté avec attention les leçons de sa maîtresse.

Aussi, maintenant, elle est bien contente. Elle lit dans un beau livre de très jolies histoires.

Le soir, quand elle a fini d'aider sa mère à faire l'ouvrage de la maison, elle prend son livre et fait tout haut la lecture.

Julie a un beau livre.

Son père et sa mère sont si charmés de ses progrès, qu'ils lui donnent de l'argent pour acheter d'autres livres.

Son oncle lui a fait cadeau de deux beaux volumes ornés de magnifiques gravures.

Vous pouvez vous imaginer comme Julie est heureuse d'avoir appris à lire!

Il faut faire comme elles, mes chères petites, et bien vous appliquer à la lecture.

———

II. — La petite fille qui ne sait pas lire.

La petite Marie n'est pas aussi heureuse que Julie.

Bien qu'elle soit beaucoup plus âgée, elle ne sait pas encore lire.

Cependant sa mère l'envoie tous les jours à l'école.

Mais Marie n'y va pas de

bon cœur : au lieu de se hâter, quand elle rencontre de petites camarades, elle s'amuse avec elles.

Marie joue en route.

Elle arrive souvent en retard, quand la leçon de lecture est faite.

A l'école, elle est paresseuse et bavarde ; elle ne fait pas attention à ce que dit la maîtresse et elle n'apprend rien.

Croyez-vous qu'elle soit heureuse?

Je vous assure que non.

L'institutrice est souvent obligée de la punir; et quand elle rentre à la maison, sa mère la gronde et la met en pénitence.

Marie a dix ans, et elle est encore dans la dernière division, avec les petites filles de cinq et six ans.

On se moque d'elle parce qu'elle ne sait ni lire ni écrire.

Voilà ce que c'est que d'être bavarde et paresseuse!

III. — Une jeune fille bien sage.

J'ai deux petites nièces de votre âge, mes enfants, qui vont à l'école : elles s'appellent Rose et Lucie.

C'est Rose, l'aînée, que j'aime le mieux, et je vous assure qu'elle le mérite bien, car c'est la plus charmante enfant que je connaisse.

A la maison, ses parents sont très contents de son obéissance et de sa douceur.

A l'école, sa maîtresse n'a que des éloges à faire de sa conduite, de son travail et de ses progrès.

Jamais elle ne joue en

jamais elle ne bavarde, jamais elle n'est en retenue.

Aussi sa maîtresse l'aime beaucoup.

Rose et Lucie.

Elle aura, bien sûr, un prix de sagesse à la prochaine distribution des prix.

L'autre jour, quand M. le maire est venu à l'école, il a donné un beau livre à Rose, parce qu'il savait que c'était une enfant bien sage.

Voilà un beau modèle à suivre, mes chères enfants; vous pouvez toutes, si vous voulez, être sages comme la petite Rose.

Tout le monde vous aimera.

———

IV. — Une petite fille qui n'est pas sage.

J

res

A

r

(

Elle remue toujours; elle rit et bavarde sans cesse; elle fait des niches à ses voisines et les empêche de travailler.

Aussi, qu'arrive-t-il? c'est qu'elle est souvent en pénitence.

Ses petites camarades ne l'aiment pas, et M. le maire, au lieu de lui donner un livre comme à Rose, l'a grondée devant tout le monde.

Voilà ce que l'on gagne à ne pas être sage.

pour devenir des jeunes filles instruites et bien élevées.

Mais pour cela il faut bien écouter ce que dit la maîtresse.

Voyez votre compagne Vic-

Victoire est la première de l'école.

toire, qui est la première de la classe : elle a été bien attentive ; sans cela, elle n'aurait rien appris.

Plus tard cela lui fera gagner sa vie plus facilement.

Si elle n'est pas riche, elle

sera cependant plus heureuse qu'une ignorante, car celui qui ne sait rien est malheureux.

Eh bien, mes amies, vous imiterez Victoire : vous serez attentives, n'est-ce pas? et je vous conterai encore des histoires.

VI. — L'enfant qui n'est pas attentive.

Fi! que c'est vilain, mademoiselle Léonie, de ne pas écouter ce que dit votre maîtresse.

Elle est fatiguée de toujours répéter la même chose, et vous ne faites aucune attention à ce qu'elle dit.

Aussi, voyez : vous avez dix ans, et des fillettes de sept ans en savent plus que vous.

Pensez-vous que ce soit honorable pour vous et agréable pour vos parents?

Vous ne voudriez pas rester ignorante, n'est-ce pas? Tout le monde se moque des ignorants et ils sont très malheureux.

Mais pour apprendre quelque chose et faire des progrès, il faut écouter : soyez donc attentive à l'avenir, petite Léonie.

VII. — La petite fille obéissante.

Denise est une petite fille que j'aime beaucoup.

Lorsque son papa lui com-

Denise va faire des commissions.

mande quelque chose, vite elle obéit; et elle se garde bien de faire ce qu'il défend.

Si sa maman lui dit : « Denise, tu vas me faire une commission : va chercher du lait, du pain, des légumes », elle y court tout de suite, sans faire d'observations.

A l'école, quand sa maîtresse lui commande de travailler, elle travaille; si elle lui défend de parler, elle se tait.

Son obéissance la fait aimer de ses parents, de sa maîtresse et de tous ceux qui la connaissent.

C'est si gentil une petite fille obéissante !

Faites comme Denise, mes petites amies, et tout le monde vous aimera.

———

VIII. — La petite désobéissante.

Quant à Jeanne Delille, c'est autre chose; je ne l'aime guère, et je ne suis pas la seule.

Comment voulez-vous qu'on l'aime? elle est désobéissante.

Si son père lui dit : « Jeanne, va chercher de l'eau à la fontaine », elle répond avec humeur : « Je n'ai pas le temps, c'est trop loin, je ne veux pas y aller ».

Et c'est ainsi pour tout ce qu'on lui commande.

Du reste, cela lui attire souvent de sévères punitions; car son père veut qu'elle obéisse, et il a parfaitement raison de la punir.

Mais quand son papa n'est pas là, c'est bien pis encore.

Si vous saviez comme elle répond mal à sa pauvre maman, quand celle-ci lui commande quelque chose !

C'est bien vilain une petite fille désobéissante !

***

IX. — La petite fille paresseuse.

Je ne connais guère de plus vilain défaut que la paresse.

La paresse est la mère de tous les vices.

Nous devons tous travailler,

grands comme petits; tout travaille dans la nature, les hommes, les animaux, les insectes
eux-mêmes travaillent.

Augustine la paresseuse.

Eh bien, Augustine a ce
malheureux penchant à la paresse, qui lui a déjà attiré tant
de punitions.

A la maison, elle ne veut
rien faire; elle refuse d'aider

sa mère, ou bien elle le fait mollement, sans courage.

A l'école, c'est la même chose : elle ne finit jamais son devoir; au lieu d'étudier, elle regarde voler les mouches.

Aussi elle n'apprend rien; plus tard, quand elle sera grande, personne ne voudra l'occuper.

Elle ne pourra jamais trouver de place, ou bien on ne la gardera pas : alors que fera-t-elle?

Elle ira mendier par les chemins; peut-être sera-t-elle une petite voleuse!

Petites filles, gardez-vous d'imiter Augustine la paresseuse.

X. — L'enfant qui n'est pas paresseuse.

Quelle différence entre Augustine et Félicie!

Tandis que l'une est la vilaine petite paresseuse que

Félicie fait ses devoirs.

vous connaissez, l'autre est laborieuse, toujours occupée à faire quelque chose d'utile.

Elle se lève de bonne heure; et aussitôt levée, si ses leçons sont apprises et ses devoirs faits, elle aide sa mère dans les soins du ménage.

Elle n'est pas forte, mais cela ne l'empêche pas de travailler; elle fait ce qu'elle peut.

En hiver, elle balaye la maison, elle épluche les légumes, elle prépare la table pour le dîner.

En été, elle mène la chèvre aux champs, ou bien elle arrache de l'herbe dans le jardin.

A l'école, elle ne s'amuse pas à regarder les mouches; elle étudie, elle écoute.

Ses progrès sont rapides; elle sait déjà bien lire, bien écrire.

L'institutrice est très contente de cette petite fille active, et vous verrez qu'elle aura beaucoup de prix.

Ne vaut-il pas mieux imiter l'activité de Félicie que la paresse d'Augustine?

Certainement, mes chères enfants, et je compte bien que Félicie sera votre modèle à toutes.

XI. — L'enfant qui aime bien ses parents.

J'ai connu, dans un petit village que j'habitais, un ménage d'ouvriers, de braves gens, qui n'avaient qu'une petite fille, nommée Louise.

Comme elle était très intelligente, très laborieuse et fort obéissante, ses parents s'imposèrent de grands sacrifices pour lui faire donner une bonne éducation.

Elle obtint son brevet de capacité et une place d'institutrice.

Elle aimait tendrement son père et sa mère, qui étaient devenus vieux et ne pouvaient plus travailler.

Elle se montra reconnaissante de ce qu'ils avaient fait pour elle; elle les fit venir avec elle et les entoura de soins.

Le bon papa s'occupe un peu

à soigner le jardin, la maman fait le petit ménage, et les bons vieux vivent ainsi avec

Louise est institutrice.

leur fille, heureux et tranquilles.

Chacun dans le village a beaucoup d'estime pour mademoiselle Louise, qui montre ainsi à ses élèves comment il faut aimer et honorer ses parents.

XII. — L'enfant qui n'aime pas ses parents.

Dans le même village que Louise, vivaient d'honnêtes gens qui, eux aussi, avaient une fille nommée Sophie.

Ils n'étaient pas riches; cependant, à force de privations, ils lui firent donner une bonne instruction.

Elle obtint plus tard une très bonne place dans un grand magasin de la ville voisine; elle épousa un commerçant aisé, et ils amassèrent une petite fortune.

Son devoir était de soulager ses parents, qui étaient restés pauvres et que l'âge rendait incapables de travailler : elle aurait dû au moins les aller visiter, les recevoir chez elle.

Pas du tout : Sophie avait mauvais cœur, et au lieu de faire du bien à ses parents, elle ne voulut même plus les voir, parce que leurs habits de paysans lui faisaient honte.

Les pauvres vieux moururent dans l'indigence, en maudissant leur fille ingrate.

Sophie fut bien punie. Son mari mourut, ses affaires allèrent mal; elle perdit tout ce qu'elle possédait.

Elle devint pauvre à son tour, et ses enfants, qui étaient mariés et dans l'aisance, mais avaient, comme elle, un mauvais cœur, refusèrent de la voir et de lui donner des secours.

C'était la juste punition de son ingratitude.

XIII. — Une jeune fille bien polie.

J'étais hier à la promenade, quand je vis Berthe, une de

vos jeunes compagnes, s'incliner poliment devant un monsieur âgé qui passait à côté d'elle.

Puis elle donna gentiment

Une jeune fille polie.

un renseignement que lui demandait le vieillard, qui lui fit compliment de sa politesse.

« Très bien, me dis-je, ma petite Berthe est polie, elle

suit docilement les leçons que je lui donne. »

« Voyons si elle continuera auprès de cette dame qu'elle va rencontrer. »

J'eus le plaisir de voir qu'elle saluait de nouveau, et je lui en ai fait mon compliment.

Du reste, j'ai appris avec satisfaction que cette petite fille fait preuve de politesse en toute circonstance.

Quand elle reçoit quelque chose, elle ne manque jamais de dire : « Merci, monsieur », ou « Merci, madame ».

Quand elle demande un objet à quelqu'un, même à

une camarade, elle n'oublie pas d'ajouter : « S'il vous plaît ».

Enfin, si elle est obligée de déranger une personne pour prendre ou recevoir quelque chose, elle a soin de demander pardon.

Elle reçoit toujours poliment les personnes qui viennent à la maison, elle leur avance des sièges, elle les débarrasse de ce qui les gêne : en un mot, elle se montre prévenante.

Il faut imiter Berthe, mes chères enfants, car il n'est rien de si aimable qu'une jeune fille polie et bien élevée.

XIV. — La petite fille qui n'est pas polie.

Mélanie ne mérite pas de compliments, au contraire : c'est une petite impolie.

Elle entre dans les maisons sans saluer personne : elle s'y tient mal, parle tout haut, regarde tout, touche à tout.

Si on lui donne quelque chose, elle ne dit jamais merci ; quand on l'interroge, elle répond *oui* ou *non*, tout court, au lieu de dire : « *Oui, monsieur* », ou « *Oui, madame* ».

Chez ses parents, elle n'est pas prévenante, obligeante pour les personnes qui viennent;

elle leur parle d'une façon impolie.

On la regarde partout comme une enfant mal élevée, et quoiqu'elle ait bon cœur, personne ne l'aime.

C'est que, mes amies, il n'y a rien qui soit plus désagréable que l'impolitesse.

Si vous êtes impolies, on vous repoussera partout où vous irez.

XV. — La petite gourmande.

Je connais une fillette qui s'appelle Élisa et qui est une vilaine petite gourmande.

A table il lui faut les meilleurs morceaux, et quand un

mets lui plaît, elle en mange jusqu'à se faire mal.

Elisa la gourmande.

On l'a surprise plus d'une fois fourrant ses doigts dans les pots de confitures.

Quand sa mère lui donne de l'argent pour acheter des cahiers ou des plumes, il lui arrive souvent de le dépenser à acheter des bonbons.

Pour satisfaire sa passion, Élisa va même, je le sais, jusqu'à voler des sous à sa mère.

Si elle ne se corrige pas, ce vice lui en fera contracter d'autres et lui fera commettre de mauvaises actions.

Si jamais je m'aperçois qu'il y ait parmi vous de petites gourmandes, je le dirai à tout le monde, pour qu'on les montre du doigt.

XVI. — L'enfant qui n'est pas gourmande.

Votre camarade Prudence n'est pas gourmande, elle, et je l'en félicite.

Elle sait se contenter de ce qu'on lui donne, elle ne cherche pas à se procurer des friandises en cachette.

Quand elle est à table, elle attend qu'on la serve, et ne demande rien; elle sait qu'on ne l'oubliera pas.

Lorsqu'elle reçoit deux ou trois sous comme récompense de son travail ou de sa bonne conduite, elle ne fait pas comme Elisa.

Elle ne va pas chez la mère Michel acheter des gâteaux ou du sucre d'orge.

Elle met cet argent de côté, et quand elle a un ou deux

francs, elle les place à la caisse d'épargne.

Cependant, si on lui offre un gâteau ou des bonbons, elle ne les refuse pas; mais elle ne les mange pas toute seule comme une gourmande : elle en fait part à ses petites compagnes.

XVII. — La petite fille malpropre.

Voyons, mes enfants, si vos mains sont bien propres.

Vous êtes-vous lavé le visage avant de venir à l'école?

Vous êtes-vous peignées?

Vous savez que je ne badine pas sur ce chapitre-là.

Je viens de renvoyer se laver chez elle Thérèse Rigaut qui est une petite malpropre.

Thérèse ne se lave pas la figure.

J'en ferai autant de toutes les petites filles qui viendront ici avec un visage, des mains et des habits sales.

Je ne veux pas que vous soyez malades, et vous le deviendriez bientôt si, tous les jours, vous ne preniez pas soin de vous débarbouiller, de vous laver les mains et de vous peigner avec soin.

Et puis tout le monde s'éloigne des enfants malpropres : les petits garçons et les autres petites filles refusent de jouer avec eux.

Ayez toujours bien soin, petites filles, d'arriver en classe les mains, la figure et les habits bien propres.

XVIII. — Une autre petite fille malpropre.

Je vais encore vous parler d'une petite fille qui manque de propreté, qui n'est pas soigneuse.

Voyez Ernestine, qui ce matin cependant est arrivée bien propre : à présent elle a les mains, la figure, le tablier couverts de taches d'encre.

Regardez ses livres, ses cahiers : partout vous y verrez de l'encre. N'est-elle pas aussi blâmable que Thérèse Rigaut?

Que va dire sa mère quand elle la verra revenir avec des habits tachés? Elle la mettra au pain sec, et elle fera bien.

Quant à moi, je ne veux plus qu'elle soit à côté de ses compagnes, et jusqu'à ce qu'elle devienne propre et soigneuse, elle restera toute seule au bout de la table.

XIX. — Une enfant bien propre.

C'est un plaisir de voir Aimée : au lieu de la gronder et de la punir comme Ernestine et Thérèse, on n'a que des éloges et des récompenses à lui donner pour sa propreté.

Voyez comme elle a toujours son visage et ses mains propres, comme ses cheveux sont bien peignés.

Ses habits et ses chaussures n'ont jamais de taches ni de boue.

Il n'y a pas longtemps qu'elle apprend à écrire, et cependant vous ne trouverez de l'encre ni sur ses doigts ni sur son cahier.

Aussi je lui donne souvent une belle image, et si vous en voulez, vous n'avez qu'à faire comme elle.

Toutes celles qui auront été bien propres durant la semaine, et qui n'auront fait aucune tache d'encre ni, sur leurs livres ni sur leurs cahiers, recevront, le samedi, une jolie petite image.

————

XX.—Une petite fille qui manque d'ordre.

Il ne suffit pas d'être propre, il faut encore avoir de l'ordre.

Or votre compagne Noémie en manque absolument.

Ouvrez son pupitre et voyez comme c'est mal rangé ; les livres et les cahiers sont jetés pêle-mêle ; ils sont cornés ; il y a des pages déchirées.

Voyez sa boîte à ouvrage : aiguilles, épingles, fil, dé, ciseaux, canevas, tout cela est mélangé ; il lui faut un quart d'heure pour trouver ce dont elle a besoin.

Et puis, comme elle est mal mise ! son fichu est de travers ; il manque des boutons à sa robe ; son tablier est fripé.

Mademoiselle *Sans-Ordre*, je vous invite à vous corriger de votre vilain défaut, et pour commencer, occupez-vous de ranger vos affaires avec plus de soin dans votre pupitre et dans votre boîte à ouvrage.

———

XXI. — Une petite fille bien soigneuse.

On peut ouvrir le pupitre d'Antoinette : on n'y trouvera aucun désordre.

Au contraire, ses livres, ses cahiers couverts avec soin sont bien rangés; dans son plumier sont les porte-plumes, les plumes et les crayons.

Sa boîte à ouvrage est bien tenue, chaque objet est à sa place, et elle trouve tout de suite ce dont elle a besoin.

Antoinette est une petite fille qui a beaucoup d'ordre et de soin.

Quand elle écrit, il y a une feuille sous le cahier et une autre sous sa main, afin d'éviter les taches.

Elle est toujours habillée proprement et mise avec goût.

Elle a bien soin de toutes ses affaires et ne laisse rien traîner.

C'est une petite fille à imiter, mes enfants.

XXII. — La bonne compagne.

Pourquoi Maria est-elle aimée de toutes les petites filles de son âge?

Parce que c'est une bonne compagne.

Jamais elle ne se fâche avec ses voisines de classe, jamais elle ne les taquine.

Elle n'est pas rapporteuse, et ne cherche pas à faire punir les autres.

Au contraire, elle fait tout son possible pour les excuser.

Un jour, on l'accusa d'avoir dégradé les murs de l'école : c'était à tort.

Maria connaissait l'auteur de ce dégât : elle ne la nomma pas et se contenta de dire que ce n'était pas elle.

Comme on croyait l'avoir vue, la maîtresse allait la punir sévèrement.

Mais la vraie coupable, touchée de tant de bonté, vint, en pleurant, faire l'aveu de sa faute.

La maîtresse lui pardonna à cause de sa franchise, et loua Maria d'avoir agi ainsi.

Il faut être une bonne compagne.

XXIII. — La mauvaise compagne.

Ce n'est pas Marguerite Pilon qui aurait fait comme Maria : elle est trop mauvaise compagne pour cela.

Si elle eût été coupable, elle ne serait pas venue l'avouer pour empê-

cher sa maîtresse de punir une in-
nocente.

Marguerite ne se plaît qu'à chercher querelle à ses compagnes.

Elle les empêche de jouer, cache
leurs balles, leurs raquettes, et ne
veut jamais leur prêter rien de ce
qui lui appartient.

Elle ne manque jamais l'occasion
de faire connaître ce que les autres
ont fait de mal.

Cependant l'institutrice n'aime pas
les rapporteuses et elle punit les
méchantes petites filles qui ont ce
vilain défaut.

Vous le voyez, Marguerite est une
mauvaise compagne.

Aucune enfant ne l'aime, et personne ne veut jouer avec elle.

XXIV. — Anna la petite rageuse.

Qu'est-ce qu'une petite rageuse?

Vous n'aurez pour le savoir qu'à regarder Anna.

Voyez comme elle est orgueilleuse,

Anna la petite rageuse.

volontaire et prompte à se mettre en colère.

Pour un rien, pour un cahier qu'elle ne trouve pas, pour un devoir qu'elle ne sait pas faire, elle se met à rager, en grinçant des dents.

Pour peu qu'on la contrarie ou qu'on ne fasse pas tout de suite ce qu'elle désire, elle s'irrite, elle pleure, elle crie, elle frappe du pied.

Voilà ce que c'est qu'une petite rageuse.

Mademoiselle Anna veut toujours être la maîtresse en toutes choses, et comme naturellement elle est obligée d'obéir au lieu de commander, elle elle a souvent l'occasion de montrer la laideur de son caractère.

Oh! si cette enfant ne se corrige pas, elle se prépare bien des ennuis pour l'avenir.

Ne soyez pas rageuses comme Anna, mes enfants.

XXV. — Une bonne petite fille.

Je vous ai dit : n'imitez pas Thérèse la malpropre, Marguerite la mauvaise compagne, Anna la petite rageuse.

Aujourd'hui je vous dirai : Prenez pour modèle Adrienne; voilà une enfant soumise, docile, bonne et douée d'un charmant caractère.

Aussi, dès qu'elle désire jouer à la balle, au volant ou à la corde, elle trouve bien vite des camarades.

On sait qu'elle ne portera le trouble dans aucun jeu, et que si elle perd, elle ne se fâchera pas et ne ragera pas comme Anna.

Il est si agréable de se voir aimer de tout le monde, d'être accueillie partout comme une bonne petite fille.

Cela vaut bien la peine de faire quelques petits sacrifices et de céder quelquefois à ses camarades.

Pas une de vous certainement ne voudrait qu'on l'appelât *petite rageuse*; toutes, vous voulez être de bonnes petites filles.

XXVI. — La petite taquine.

Je connais des petites filles qui se font un malin plaisir de contrarier leurs compagnes en toutes occasions.

Quand elles les voient en colère et en larmes, elles sont contentes : ce sont des taquines.

Pauline a ce vilain défaut. Quand elle s'adresse à des enfants ayant un bon caractère, il n'en résulte pas de mal.

Mais il y en a qui se fâchent et ne veulent pas supporter ses taquineries.

Alors cela amène des querelles. Quelquefois même on se bat, on se fait punir par la maîtresse.

Bien souvent, Pauline n'est pas la plus forte et elle retourne à la maison avec sa robe déchirée, la figure égratignée et des contusions nombreuses.

Elle pleure à son tour, et personne ne la console, parce qu'on voit que ses taquineries reçoivent leur juste punition.

XXVII. — La petite fille nonchalante.

Mon Dieu, que c'est fatigant de voir Colette, de lui parler, de la faire lire ou de la faire écrire!

Elle est toujours à moitié couchée sur la table.

Quand on lui parle, elle vous répond d'un ton dolent.

Quand elle lit, c'est avec une nonchalance sans pareille : si elle écrit, ses doigts tiennent à peine sa plume, pendant que l'autre main soutient sa tête.

Comment voulez-vous qu'avec si peu d'activité elle fasse des progrès? Toutes ses compagnes la dépassent.

Elle est toujours la dernière dans les compositions, et si elle ne change pas, quand elle sortira de l'école, elle ne sera propre à rien.

N'est-ce pas déplorable d'avoir une telle apathie, d'être si nonchalante?

Chères enfants, gardez-vous bien d'imiter Colette.

———

XXVIII. — La petite fille active.

Vive une enfant active, toujours prête à bien travailler, comme à bien s'amuser quand on est en ré-création.

Albertine a peut-être un peu trop de vivacité, mais j'aime mieux cela que la mollesse.

On n'a pas besoin de lui dire deux fois la même chose : elle se met tout de suite au travail avec ardeur et avec attention.

Son devoir est fini avant ceux de ses compagnes, et il est mieux fait.

Elle sait mieux ses leçons que les autres, parce qu'elle a plus de temps pour les étudier; et naturellement je lui donne des récompenses.

Quelle différence entre Albertine et Colette!

Elles ont commencé ensemble à apprendre à lire et à écrire.

Albertine sait déjà lire couramment et fait des dictées depuis longtemps, tandis que l'indolente Colette n'a fait aucun progrès.

———

XXIX.—L'enfant qui respecte les vieillards.

J'ai des compliments à faire à Claire Roland. Tout à l'heure je l'ai vue saluer un pauvre homme qui passait. Elle ne le connaissait point : mais c'était un vieillard, et Claire sait bien qu'on doit toujours respecter la vieillesse.

L'autre jour, en venant en classe, elle rencontra une vieille femme qui paraissait fatiguée et qui était chargée d'un paquet assez lourd; elle l'accompagna jusqu'à l'école en portant son paquet.

C'est très bien cela, mon amie, vous êtes une bonne petite fille.

Les personnes âgées sont souvent malades, infirmes; il faut avoir pour elles des égards, de la politesse, afin d'adoucir un peu leurs maux.

Tout le monde estime les petits enfants qui ont du respect pour les vieillards.

Quant à moi, je vais donner à Claire une image, sur laquelle j'ai écrit *respect aux vieillards*, afin que cela lui serve de souvenir.

Et vous, mes chères petites,

faites en sorte que je n'aie aussi qué des éloges à vous faire à ce sujet.

XXX. — L'enfant qui ne respecte pas les vieillards.

Vous rappelez-vous, mes enfants, qu'hier j'ai félicité Claire Roland de ce qu'elle était respectueuse et obligeante envers les vieillards?

J'ai même ajouté que j'espérais voir ce bon exemple imité par vous toutes.

Hélas! je me suis trompée, et je vais être obligée de punir très sévèrement une de vos compagnes.

Hier soir, Flore a rencontré un pauvre vieux qui marchait à l'aide de béquilles.

Au lieu de le saluer et de lui

indiquer son chemin, comme il le demandait, Flore s'est moquée de lui, et même elle lui a dit des grossièretés.

N'est-ce pas indigne, mes enfants?

Le pauvre homme, en me contant cela, n'a pu s'empêcher de pleurer.

Je me plais à croire que Flore a un profond regret de sa mauvaise action, et qu'elle montrera désormais plus de respect et d'égards pour les personnes âgées et souffrantes.

XXXI. — L'enfant menteur.

On dit, mes enfants, qu'un menteur est pire qu'un voleur.

Cela s'applique aux grands menteurs qui sont méchants et veulent faire du mal aux autres.

Mais il y a aussi de petits menteurs et de petites menteuses qui ne sont pas méchants, et qui pourtant ne se gènent pas pour déguiser la vérité, soit pour s'excuser, soit pour attraper quelqu'un.

C'est un très vilain défaut; quand on sait

Colas gardait ses moutons près d'une forêt.

qu'un enfant ment habituellement, on ne le croit plus, alors même qu'il dit la vérité.

Tenez, voici ce qu'on m'a raconté quand j'étais petite comme vous.

Il y avait un jeune berger, nommé Colas, qui gardait ses moutons près d'une forêt.

Plusieurs fois il s'était amusé à crier : au loup! au loup! pour faire accourir tout le monde du village; et il riait ensuite, tant il était content d'avoir attrapé les autres.

Mais voilà qu'un beau jour, un loup, un vrai loup, se jette sur le troupeau.

Colas eut beau crier : au loup! on crut que c'était pour rire; personne ne vint, et le loup mangea la plus belle brebis du troupeau.

Je ne sais pas même s'il ne mangea pas aussi le petit menteur.

XXXII.—L'enfant qui dit toujours la vérité.

Je ne veux pas flatter Amélie, mais je me plais à reconnaître qu'elle a horreur du mensonge, et qu'elle ne dit jamais que la vérité.

Elle ne fait pas comme certaines petites filles que je connais, qui mentent pour faire punir une camarade, pour éviter une punition, ou bien pour s'amuser.

Elle sait qu'on ne doit jamais mentir, et

qu'il vaut mieux s'exposer à être punie que de cacher ce qui est vrai.

Cependant on n'est pas obligé de dire ce que l'on sait quand on ne vous le demande pas.

La petite fille qui fait cela est une rapporteuse, et vous savez que c'est très mal.

Françoise avait dit du mal d'une voisine : Amélie le savait; mais elle n'a pas été le raconter à la voisine, parce qu'elle sentait que cela occasionnerait une querelle.

Mais quand vos parents vous interrogent, vous ne devez jamais dissimuler ce que vous savez.

Il faut montrer de la franchise envers tout le monde, et ne rien cacher à ses parents.

XXXIII. — La petite fille orgueilleuse.

Je ne vous ai pas encore parlé de l'orgueil, mes enfants.

C'est un défaut qui nous rend insupportables à tout le monde.

Aimez-vous une compagne comme Zoé, qui vous regarde à peine et ne daigne pas vous parler?

Elle croit qu'elle est bien au-dessus de vous; à son avis, vous n'êtes pas dignes de jouer avec elle, de vous promener avec elle, d'être en classe à côté d'elle.

Elle s'imagine savoir tout faire beaucoup mieux que vous, avoir bien plus d'esprit, et être bien plus savante que vous.

Cependant cette orgueilleuse n'est qu'une ignorante, une petite sotte, et le plus souvent une maladroite qui ne fait rien de bien, et dont ses parents et ses maîtres sont très mécontents.

Généralement l'orgueil n'accompagne pas le mérite.

Une petite fille instruite, intelligente, laborieuse, n'a pas d'orgueil, parce qu'elle comprend que ce qu'elle sait est bien peu de chose en comparaison de ce qui lui reste à apprendre.

XXXIV. — L'enfant qui n'est pas orgueilleuse.

Annette est la fille d'un riche cultivateur. Elle est mieux habillée que la plupart de ses petites compagnes, elle a plus de jouets qu'elles et de plus beaux.

Vous pensez peut-être que cela la rend fière et orgueilleuse?

Pas du tout. Annette n'a pas, grâce à Dieu, le vilain défaut de l'orgueil.

Elle joue avec les autres, elle leur prête même ses jouets, et elle ne leur fait jamais sentir qu'elle est plus riche qu'elles.

Elle a plus d'intelligence que beaucoup d'autres, elle est plus instruite qu'elles; néanmoins elle n'en est pas plus fière et ne cherche pas à se prévaloir de sa supériorité.

Aussi, toutes ses compagnes l'aiment, et aucune n'est jalouse d'elle.

Imitez Annette, mes enfants, ne soyez pas orgueilleuses : comme elle, vous aurez l'estime et l'affection de vos compagnes.

XXXV. — L'enfant qui a bon cœur.

Il y a quelques années, j'avais dans ma classe une petite élève que toutes ses compagnes aimaient bien, parce qu'elle avait bon cœur.

Pendant longtemps sa mère fut malade : Hélène Leroux (c'était le nom de cette petite fille) en fut si affligée qu'elle tomba malade à son tour.

Quand elle rencontrait un petit mendiant nu-pieds, mal vêtu et souffrant de la faim, elle se privait de la moitié de sa tartine et la donnait au pauvre enfant.

Ce n'est pas elle qui aurait fait souffrir les animaux pour s'amuser, comme le font peut-être plusieurs d'entre vous.

Elle avait trop bon cœur pour cela.

Elle sentait, sans qu'on le lui recommandât, que les animaux nous rendent des services, et qu'on est ingrat et cruel à leur égard quand on les tourmente à plaisir.

XXXVI. — L'enfant qui a mauvais cœur.

Quant à Jeanne Bodu, c'est tout le contraire d'Hélène Leroux.

Cette méchante petite fille n'a aucune pitié pour ceux qui souffrent, et jamais elle ne cherche à les secourir.

Son père est malade depuis plusieurs mois; son devoir serait de le soigner, de rester à la maison près de lui, et d'aider sa mère dans les petits travaux du ménage.

Au lieu de cela, elle profite de ce que sa mère est occupée pour s'en aller jouer et traîner dans les rues.

Elle montre à chaque instant sa dureté de cœur : elle aime à faire souffrir les animaux.

Tantôt elle arrache les ailes aux mouches, tantôt c'est le chat de la maison qu'elle tourmente et qu'elle frappe sans motif.

Quand elle rencontre de petits mendiants, loin de les secourir, ou tout au moins de les plaindre, elle se moque d'eux et les insulte.

Un jour je l'ai vue avec trois ou quatre méchants petits garçons qui poursuivaient à coups de pierres un pauvre chat à la queue duquel ils avaient attaché une vieille casserole.

La malheureuse bête fuyait en miaulant à

La malheureuse bête fuyait en miaulant.

fendre l'âme, mais ces petits polissons n'en ont été nullement émus, et ils n'ont cessé de la frapper que lorsqu'ils l'ont vue morte.

Jeanne Bodu n'a pas jeté de pierres, mais elle n'a rien fait pour détourner ses compagnons de leur mauvaise action, au contraire.

Cette petite fille n'a pas de cœur, ne l'imitez pas, mes enfants.

XXXVII. — La petite voleuse.

Dites-moi, mes amies, si l'on vous accusait d'être voleuses, y a-t-il rien au monde qui pût vous faire plus de peine?

J'espère bien qu'aucune de vous ne mérite ce nom.

Cependant, à votre âge, il y a des enfants voleurs, en plus grand nombre que vous ne croyez.

Cette Georgette Vincent, que vous avez vue

Georgette vole des sous à sa mère.

emmener par les gendarmes, et qui est en prison pour avoir volé de l'argent au fermier de la Ranette, était déjà une petite voleuse à six ans.

Elle était gourmande, et, pour se procurer

des friandises, elle volait des sous à sa mère.

A l'école, elle dérobait des plumes, des règles, des crayons; en récréation, elle trichait au jeu, volait les jouets de ses compagnes.

Aux fêtes des environs, on l'a surprise dérobant aux marchands des joujoux et des gâteaux; apercevait-elle des fruits dans un jardin, elle ne se faisait aucun scrupule d'en voler.

Vous voyez où tout cela l'a conduite.

A présent qu'elle est grande, elle vole de l'argent, et elle va en prison.

Ne dérobez jamais rien, mes enfants; pas même la plus petite chose.

XXXVIII. — Une honnête jeune fille.

Vous avez vu, mes enfants, qu'il ne faut rien prendre aux autres, ni argent, ni gâteaux, ni joujoux, ni plumes, et que celui qui fait cela est un voleur.

Mais celui qui trouve de l'argent ou n'importe quoi et qui le garde, est-il un voleur?

Oui, mes amis, c'est un voleur, s'il garde ce qu'il a trouvé, sans chercher à le rendre à la personne qui l'a perdu.

Tenez, faites comme la petite Gabrielle. Un jour, en se rendant de l'école à sa maison, elle aperçut quelque chose sur la route.

Elle se baissa et ramassa un porte-monnaie qui renfermait 172 francs.

Cette somme était une fortune pour Gabrielle; plus d'une, à sa place, aurait peut-être gardé l'argent et n'aurait rien dit.

Mais l'honnête petite fille, sachant bien que cela ne lui appartenait pas, est venue tout de suite l'apporter à son institutrice.

On a retrouvé la personne qui avait perdu le porte-monnaie : c'était un pauvre homme qui avait une femme et trois enfants à nourrir.

Cet argent était le fruit de son travail pendant la moisson.

Si Gabrielle n'eût pas été honnête, les enfants du moissonneur seraient peut-être morts de faim !

———————

XXXIX. — La bonne petite sœur.

Rien n'est plus beau que de voir des frères et sœurs toujours d'accord et s'aimant bien.

Regardez Clémence, comme elle est bonne pour son petit frère Auguste, comme elle le

Comme Clémence est bonne pour son petit frère!

berce quand elle revient de l'école, et comme elle le caresse!

Si l'enfant crie, elle le prend dans ses bras, elle le promène, elle le fait jouer, tout en ayant soin qu'il ne lui arrive point de mal.

Elle n'est pas jalouse quand elle voit sa mère caresser son petit frère.

Elle sait bien que sa mère l'aime autant

qu'Auguste, et que si elle caresse un peu plus cet enfant, c'est parce qu'il est plus jeune.

Il faut que des frères et des sœurs ne soient jamais jaloux les uns des autres.

Les aînés doivent avoir soin des plus jeunes, et ceux-ci, à leur tour, doivent aimer leurs aînés.

C'est ainsi que dans la famille tout le monde est heureux, et que les parents sont disposés à donner à leurs enfants une foule de petites récompenses.

———

XL. — Nini la petite jalouse.

Qu'a donc Nini à faire la moue comme cela?

Voyez donc comme elle pleure! bien sûr, elle a du chagrin.

Oh! la petite malheureuse, je devine ce qu'elle a.

Avant de partir pour l'école avec sa petite sœur Adèle, elle aura vu sa mère donner au bébé quelques friandises, pour l'encourager à être bien sage, et la jalousie s'est emparée de Nini.

Elle ne comprend pas qu'à son âge (elle a sept ans) il est temps de ne plus être gâtée,

Voyez donc comme Nini pleure!

et que sa mère doit avoir pour elle moins de petites attentions que pour sa sœur Adèle.

Il en sera de même pour Adèle quand elle aura sept ans. Si sa mère caresse et gâte un peu moins Nini aujourd'hui, c'est dans son intérêt, et non parce qu'elle aime mieux sa jeune sœur.

Ne soyez pas jalouses, mes petites filles, car la jalousie est un trop vilain défaut.

Quand une enfant commence à avoir de la raison, on n'a plus besoin de la flatter pour l'engager à bien faire : on lui commande, et elle doit obéir.

XLI. — La petite fille coquette.

Savez-vous, mes enfants, ce que c'est qu'une petite coquette?

C'est celle qui aime trop la parure, qui veut toujours avoir de beaux habits, de belles chaussures, qui veut toujours être habillée à la dernière mode.

La coquetterie est un défaut, et il faut bien vous garder de le contracter.

Autant il est utile d'être propre, d'avoir toujours des habits et des souliers bien brossés, la figure bien débarbouillée, les cheveux bien peignés :

Autant il est mal de ne songer qu'à se parer, et de croire qu'on a plus de mérite qu'une autre parce qu'on a de plus beaux habits.

Honorine est une de ces petites filles coquettes.

Il lui faut une belle robe à falbalas pour venir à la classe, tout comme à la fille de M. le comte de Neuville qui a cent mille francs de rente.

Quand elle entre à l'école, vous sentez l'odeur de la pommade qu'elle a mise dans ses cheveux, et du parfum qu'elle a versé dans son mouchoir.

Mademoiselle Honorine ne veut pas de robe rapiécée : elle ne réfléchit pas, la malheureuse enfant, que son père est un pauvre ouvrier qui gagne à peine trois francs par jour, et qui ne peut suffire à ces folles dépenses.

J'aime mieux voir une petite fille avec une robe toute simple que sa maman lui a faite, qu'avec une belle toilette pour l'achat de laquelle ses parents ont dû se priver de ce qui leur est nécessaire.

XLII. Une petite fille qui n'est pas coquette.

C'est aujourd'hui que je dois donner comme récompense une belle image à l'enfant la plus propre et la plus rangée de l'école.

Je la donnerai à Clémentine qui n'est pas coquette, mais dont tout le monde loue la propreté et le soin.

Elle use le moins possible pour épargner à sa maman, qui est déjà fort occupée, la peine de raccommoder souvent ses habits.

Comme elle a bientôt dix ans, sa mère voulait lui donner pour ses étrennes un joli petit manchon de fourrure.

« Cela me ferait bien plaisir, répondit Clémentine, mais tu sais, papa a dit dernièrement que son pantalon de toile était bien mince pour l'hiver.

« Il vaut mieux lui acheter un pantalon de drap pour le préserver du froid, que de me donner un manchon, dont je pourrai me passer; avec mes mitaines, je n'aurai pas froid aux mains. »

Voilà, mes amis, une bonne petite fille qui, tout en étant propre, n'est pas coquette; et de plus c'est un excellent cœur.

XLIII. — La petite fille discrète.

Julienne ne va pas conter à tout le monde ce qu'elle voit ou ce qu'elle entend : on peut lui confier un secret, et être sûr qu'elle le gardera.

Elle est discrète et ne ressemble pas à beaucoup de petites filles de son âge, qui, sans méchanceté, troublent cependant des familles entières en rapportant les paroles des uns et des autres.

Il y a quelque temps, Julienne se trouvait chez la

Un homme d'assez mauvaise mine entra dans la maison.

mère Rijard, quand un homme d'assez mauvaise mine entra dans la maison, fit du bruit et se disputa avec la bonne femme, qui en était fort affligée. Quand le méchant homme fut parti, toutes les voisines accoururent pour savoir ce qui s'était passé.

La mère Rijard ne voulut leur rien dire, parce que cet homme était son parent, et cela contrariait fort les bonnes commères.

Elles s'adressèrent alors à Julienne, persuadées qu'elle allait tout leur raconter ; mais notre petite fille fut assez discrète pour ne rien révéler de ce qu'elle avait vu et entendu, et les voisines s'éloignèrent bien attrapées.

XLIV. — La petite indiscrète.

J'ai connu une petite fille, nommée Henriette, qui était loin d'avoir la discrétion de Julienne.

Elle bavardait à tort et à travers, racontant tout ce qu'elle avait vu ou entendu.

Elle a été cause de beaucoup de disputes entre voisines en rapportant aux unes ce que les autres avaient dit d'elles.

Une fois, son père avait reçu beaucoup d'argent, qu'il devait placer quelques jours après.

En attendant, comme il avait peur des voleurs, il mit cet argent dans une boîte en fer qu'il enterra dans un massif de fleurs.

L'indiscrète petite fille, qui l'avait vu faire, ne sut pas garder sa langue ; elle raconta ce secret à une compagne, qui le dit à une autre, et ainsi de suite.

Si bien qu'un malfaiteur, l'ayant appris, vint la nuit, déterra le coffre et emporta l'argent du père d'Henriette.

La bavarde petite fille était cause que son père perdait dix mille francs.

XLV. — Une petite fille mal élevée.

Vous vous rappelez, mes enfants, cette petite Mélanie qui ne saluait personne, qui répondait *oui* ou *non*, tout court? C'était une impolie.

C'était mal sans doute, mais au moins elle ne disait pas de vilains mots, elle n'injuriait pas les gens, comme le fait Madeleine Jarry, qui est une enfant fort mal élevée.

Madeleine est toujours dans la rue, elle n'y apprend que de vilains mots qu'elle entend dire à de mauvais sujets que leurs parents laissent vagabonder.

Elle se moque de tout le monde; elle rit au nez des gens; elle interpelle les jeunes filles ou les dames qui passent, en riant de leur toilette.

Si on lui fait une observation, Madeleine répond grossièrement.

C'est une enfant mal élevée qu'il ne faut pas fréquenter si elle ne se corrige pas.

D'ailleurs vos parents vous ont défendu de jouer avec elle, parce qu'elle vous apprendrait de vilaines choses.

XLVI. — La petite fille bien élevée.

Quelle différence entre Madeleine Jarry et Georgette Boulard! Autant Madeleine est grossière, autant Georgette est bien élevée.

Vous ne l'entendrez jamais dire de vilains mots,

et quand elle répond à quelqu'un, c'est toujours poliment.

Lorsque ses petites compagnes la taquinent, elle n'est pas contente, et c'est tout naturel : personne n'aime à être tourmenté; mais, quoiqu'elle soit fâchée, elle ne dit pas d'injures, ni de grossièretés.

Dans sa conversation elle n'est pas triviale, c'est-à-dire qu'elle n'emploie pas de mots communs, tels que ceux des petits polissons qui courent les rues.

Les papas et les mamans lui font mille amitiés pour que leurs petites filles jouent avec elle, parce qu'elle est bien élevée.

Ils défendent au contraire de jouer avec Madeleine, qui ne pourrait que leur donner de mauvais exemples.

A qui voulez-vous ressembler, petites filles? à Georgette bien certainement, afin qu'on dise de vous : Voilà des jeunes filles bien élevées.

XLVII. — L'enfant qui n'est pas assidue.

Voilà six ans que Léontine vient à l'école, et elle a douze ans.

Elle doit être bien instruite! me direz-vous, et je voudrais bien être aussi avancée qu'elle.

Vous n'auriez pas beaucoup de peine à en savoir autant, vous répondrai-je; car, malgré son âge et les six ans qu'elle a passés à l'école, Léontine peut à peine lire, et quand elle ne fait que cinquante fautes dans sa dictée, ce n'est pas beaucoup.

Vous allez me dire : c'est étonnant, on ne lui a donc rien enseigné?

On lui a montré tout comme aux autres; seulement elle n'est pas assidue, elle manque l'école très souvent, et cela pour le moindre motif.

De cette façon, elle oublie ce qu'on lui a enseigné, et c'est même extraordinaire qu'elle ait pu retenir le peu qu'elle sait.

Rappelez-vous, mes enfants, qu'une élève qui n'est pas assidue n'apprendra jamais rien et ne sera jamais qu'une ignorante.

XLVIII. — L'écolière assidue.

Mathilde n'a que dix ans et ne va à l'école que depuis quatre ans; malgré cela, elle est bien plus avancée que Léontine.

Elle lit, écrit et calcule très bien : elle ne fait presque pas de fautes dans ses dictées.

D'où vient cette différence?

C'est que Mathilde ne manque jamais la classe, à moins qu'elle ne soit malade ou que ses parents ne la retiennent à la maison pour une chose urgente.

De cette manière, elle a pu profiter des leçons de sa maîtresse; et comme elle est intelligente et studieuse, elle a fait beaucoup de progrès.

L'assiduité est la première condition pour bien apprendre : c'est pour cela que, chaque année, on donne un prix d'assiduité à l'élève qui a eu le moins d'absences.

Je considère cette récompense comme une des plus belles que puisse mériter une élève.

Faites comme Mathilde, mes enfants, venez régulièrement à l'école, et vous verrez que vos progrès seront rapides.

XLIX. La petite fille qui arrive en retard.

Vous savez, mes enfants, que l'école commence à huit heures du matin et à une heure de l'après-midi.

Eh bien, il paraît que l'horloge de Marthe retarde toujours; car, le matin, elle n'arrive presque jamais avant neuf heures, et, l'après-midi, avant deux heures.

Pour une élève qui est en retard, la maîtresse ne peut recommencer ce qu'elle a dit.

Marthe perd donc tout ce qui a été fait au commencement de la classe, et comme cela lui arrive très souvent, elle finit par se laisser devancer par ses compagnes.

C'est ce qui explique comment elle est si ignorante, quoiqu'elle vienne à l'école depuis fort longtemps.

Certains parents croient qu'une demi-heure de moins est peu de chose pour leur enfant; ils ont tort.

Si l'on veut que vous fassiez des progrès, il faut que vous ne manquiez jamais à l'école et que vous arriviez exactement à l'heure.

C'est ce que vous ferez, n'est-ce pas, mes enfants?

L. — Une enfant bien exacte.

On n'a pas à reprocher à Justine de ne pas être exacte.

Ses parents connaissent combien l'exactitude est nécessaire, et ils l'envoient à l'école toujours à l'heure.

Justine, de son côté, ne s'amuse pas en chemin, et elle arrive régulièrement au commencement de la classe.

C'est ainsi qu'elle peut profiter de toutes les leçons, de toutes les explications, et ses progrès sont plus rapides que ceux des enfants qui n'ont pas d'exactitude.

Il n'est donc pas étonnant qu'elle soit aussi instruite pour son âge, et je n'ai qu'à la féliciter, ainsi que ses parents.

J'espère que Marthe va enfin se décider à suivre ce bon exemple, pour rattraper autant que possible le temps perdu.

D'ailleurs, mes enfants, l'exactitude est une précieuse qualité : vous verrez plus tard, par vous-mêmes, que pour réussir il faut être exact; et c'est dès votre enfance que vous devez prendre cette bonne habitude.

Une ouvrière qui arrive en retard à l'atelier, une employée qui ne vient pas à l'heure à son magasin, s'exposent à des reproches mérités et risquent de perdre leur place.

————

LI. — Martine la curieuse.

Avez-vous remarqué, parmi vos compagnes, cette petite Martine, qui veut tout voir, tout entendre?

Quand vous parlez à une amie, vite elle vient entre vous deux écouter ce que vous dites.

Si vous regardez une image ou si vous lisez un livre, elle veut voir avec vous, lire avec vous.

Laissez-la dans la classe ou dans une chambre, elle ouvrira tous les pupitres, toutes les armoires, pour examiner ce qu'il y a.

Elle écoute aux portes pour savoir ce que l'on dit.

C'est une enfant insupportable, c'est une curieuse.

Elle a été punie dernièrement de sa curiosité. Elle écoutait à la porte de sa voisine : savez-vous ce qu'elle a entendu?

« Je te défends de jouer avec Martine, disait la voisine à sa fille, c'est une enfant mal élevée. »

Un autre jour, elle entre chez sa tante absente et voit une corbeille couverte d'une planche.

Qu'y a-t-il donc là dedans? se demande notre curieuse; et, sans réfléchir qu'elle fait mal, elle soulève la planche : il s'échappe un gros chat-huant que son oncle avait pris le matin, et qui cause à Martine une frayeur mortelle.

LII. — Encore la petite curieuse.

Vous croyez peut-être que cette leçon a corrigé Martine de sa curiosité? Eh bien, vous vous trompez.

Pendant quelque temps, il est vrai, la petite fille, se souvenant combien elle avait eu peur et combien on s'était moqué d'elle, fut moins curieuse.

Son père en fut bien content, et voulant voir si elle s'était tout à fait corrigée, il imagina le petit tour que je vais vous raconter.

« Martine, lui dit-il un matin avant d'aller à son travail, je m'aperçois que tu n'es plus si curieuse et je veux te récompenser.

« Ta maman, qui est au marché, ne reviendra que ce soir; quand elle sera arrivée, je te donnerai ce que je te promets : elle sera bien contente de savoir que tu es corrigée de ton vilain défaut.

« La surprise est cachée dans l'armoire, mais il ne faut pas chercher à savoir ce que c'est : tu le verras ce soir. »

Le père alla à son ouvrage et Martine à l'école.

Quand l'enfant revint à midi pour manger, sa curiosité la reprit. Que je voudrais bien voir ce qu'il y a dans l'armoire! se disait-elle. Bah! ouvrons-la, papa n'en saura rien.

Elle l'ouvrit, et prrr..., un joli petit oiseau s'échappa.

Martine courut pour l'attraper, mais comme la porte de la maison n'était pas fermée, il s'envola dans la campagne.

Vous devez penser combien la petite curieuse fut désolée : à son air honteux, le père vit bien, le soir, ce qui s'était passé.

LIII. — La petite boudeuse.

Oh! la laide figure que fait Françoise! Quelle affreuse grimace! qu'elle est vilaine!

Demandez-lui ce qu'elle a, elle ne vous répond pas.

Mademoiselle Françoise boude, car, il faut bien le dire, mademoiselle Françoise est boudeuse.

Elle a désobéi à sa maman, qui l'a punie, et Fran-

Françoise la boudeuse.

çoise, qui est orgueilleuse comme un paon, est humiliée, et elle croit se venger en boudant.

Elle va se mettre dans un coin, et elle passe des heures entières sans parler ni bouger.

Mais qui est attrapée? Ce n'est pas la maman, qui pendant ce temps-là est tranquille; puis tous ceux qui viennent à la maison se moquent d'elle.

Elle ne veut pas souper? eh bien, tant mieux! on l'enverra se coucher sans manger.

Demain matin, je vous assure qu'on n'aura pas besoin de la prier pour déjeuner.

Elle ne boudera plus, et elle retrouvera sa langue

pour dire : « Maman, j'ai bien faim, aie la bonté de me donner mon café au lait ».

Pauvre Françoise, tu as là un bien vilain défaut!

———

LIV. — Une enfant qui n'est pas boudeuse.

J'aime la figure riante de Constance.

Cette enfant n'est pas un modèle de sagesse, et bien souvent, quoiqu'elle ait un bon petit cœur, elle est turbulente et on la punit.

Mais elle fait sa punition sans se plaindre, et elle n'en veut pas pour cela à sa maîtresse.

Elle n'est pas boudeuse comme Françoise; elle comprend que si sa maîtresse ou ses parents la punissent, c'est pour son bien, pour lui montrer qu'elle a mal fait et qu'elle doit se corriger.

Elle va embrasser sa mère pour lui demander pardon, et elle lui promet de ne plus recommencer. C'est ainsi que doit faire une bonne petite fille.

Malgré ses défauts, on ne peut s'empêcher d'aimer Constance, parce qu'elle n'est pas boudeuse et n'a pas de rancune.

Entre Françoise et Constance, je suis certaine, mes enfants, que vous n'hésiterez pas à choisir : vous ne voudrez jamais qu'on dise d'aucune de vous : *voilà une petite boudeuse.*

———

LV. — Aurélie la douillette.

Qu'est-ce que tu as donc encore, ma pauvre Aurélie, qui te fait geindre et pleurer?

Un petit bobo au doigt! Voilà une belle affaire! Tu ne mourras pas pour si peu.

Comme tu es douillette, ma petite fille! A chaque instant je te vois pleurer pour bien peu de chose: une épingle qui t'a piquée, une compagne qui t'a poussée un peu fort.

Tu   plains toujours : tu as froid, tu as trop chaud,   as mal au cœur; tes bottines te serrent trop, etc., etc.

Il faut être plus courageuse que cela : c'est ridicule d'être aussi douillette. Tu es comme cette petite fille dont j'ai lu l'histoire quelque part.

Elle se plaignait continuellement. En hiver, le soir, comme elle avait froid, on mettait une bouillotte d'eau dans son lit : cela la brûlait toujours.

Pour l'attraper, sa mère mit un jour de l'eau glacée dans la bouillotte et l'approcha des pieds de l'enfant. Celle-ci, par habitude, se mit à crier : « C'est trop chaud, ça me brûle ».

Alors sa mère lui fit toucher de force le vase glacé et se moqua d'elle.

Le lendemain elle ne dit plus rien quand on mit la bouillotte chaude et désormais elle n'osa plus se plaindre.

LVI. — Léa la petite espiègle.

Léa est une petite espiègle.

A la vérité ce n'est pas un aussi grand défaut que beaucoup d'autres; mais enfin c'est un défaut blâmable et les petites filles doivent chercher à s'en corriger.

Léa est donc une espiègle; elle ne sait quelles niches inventer pour ennuyer les autres et elle rit ensuite de ses mauvaises farces.

Un jour cependant elle n'a pas ri. Elle était occupée à introduire de petits cailloux dans la serrure

Léa la petite espiègle.

d'une voisine pour l'empêcher d'ouvrir sa porte quand elle rentrerait; mais la voisine, qui par hasard était chez elle, au premier étage, vit par la fenêtre ce qui se passait, et pour punir l'espiègle petite fille, elle lui lança sur la tête une potée d'eau.

Cela ne l'a pas corrigée. Le lendemain, à l'école, elle recommençait ses mauvaises plaisanteries. Elle mettait dans les pupitres de ses voisines des hannetons qui s'envolaient quand on levait le couvercle; elle cachait le porte-plume de Lucie dans la case de Léonie, ce qui faisait disputer les deux voisines, etc.

Léa est détestée de toutes ses compagnes, qui la

fuient comme la peste pour n'être point victimes de
ses espiègleries.

Si elle ne change pas, elle n'aura point d'amies,
tout le monde la tiendra à l'écart.

LVII. — Une petite fille ingrate.

Nous avons déjà examiné bien des défauts et bien
des vices, mes chères enfants; mais il n'y en a guère
de plus odieux que l'ingratitude, dont je veux vous
parler aujourd'hui.

Un enfant ingrat, c'est peut-être ce qu'il y a de
plus détestable au monde, c'est un petit monstre.

C'est un enfant à qui l'on fait du bien, et qui, en
récompense, ne fait que du mal à son bienfaiteur.

Andrée Giroux est une ingrate.

Son père et sa mère sont morts quand elle était
toute petite; une dame généreuse, qui n'était point
sa parente, eut pitié d'elle, l'éleva avec soin, la fit
instruire, puis la mit en apprentissage.

Vous croyez qu'Andrée, pour répondre à tant de
bontés, s'appliqua à être sage et à bien travailler?

Loin de là, elle se fit remarquer par sa mauvaise
conduite et son manque d'application. Elle fit tant
qu'elle se fit renvoyer de la maison où elle était
placée.

Quand sa protectrice, affligée de ce résultat, voulut lui faire de sages remontrances, elle lui rit au
nez et se moqua de ses reproches.

Cette misérable ingrate finira mal; elle s'est liée
avec de mauvaises compagnes, paresseuses comme

elle et mal élevées ; elles vagabondent ensemble et mendient au lieu de travailler.

Andrée l'ingrate, Andrée la coureuse, est méprisée de tous les honnêtes gens.

LVIII. — La petite fille reconnaissante.

Régina Lafond, la modiste, ne s'est pas conduite comme Andrée Giroux.

Si vous alliez chez elle, vous verriez, assise dans un bon fauteuil, la vieille mère Lorain, pour qui elle a mille petits soins.

Elle veille constamment à ce qu'elle ne manque de rien ; elle va au-devant de ses désirs.

Elle lui témoigne une tendre affection, et la bonne femme, heureuse de tant d'attentions, ne cesse de bénir Régina.

Mais, direz-vous, elle ne fait que son devoir ; cette femme est sans doute sa mère, et une bonne fille doit aimer et soigner ses parents.

Vous êtes dans l'erreur, mes enfants : cette femme n'est pas la mère de Régina ; elle n'est même pas sa parente.

Régina n'a jamais connu ni son père ni sa mère, qui sont morts du choléra peu de mois après sa naissance. Elle serait morte elle-même si elle n'avait eu pour nourrice cette brave femme qu'elle soigne aujourd'hui et qui l'éleva alors avec autant de tendresse que sa propre fille.

Les deux jeunes filles grandirent ensemble ; ensemble elles entrèrent en apprentissage chez une modiste, et bientôt elles furent en état de gagner leur vie.

Malheureusement la fille de la mère Lorain vint à mourir et peu après le père suivit sa fille au tombeau.

La vieille Jacqueline serait restée seule et sans ressources, si Régina eût été une ingrate; mais la brave jeune fille n'abandonna point sa mère adoptive.

Elle était habile dans son métier, elle eut bientôt gagné assez d'argent pour monter un petit magasin.

Elle prit avec elle la mère Lorain et la soigna comme si elle eût été sa propre mère. Grâce à son honnêteté et à son activité, grâce à l'estime dont elle jouissait, elle eut bientôt une bonne clientèle, son commerce prospéra; elle est maintenant, ainsi que sa vieille nourrice, à l'abri du besoin.

C'est ainsi que Régina s'est montrée reconnaissante des bienfaits qu'elle avait reçus.

LIX. — La petite sournoise.

On n'aime pas Clotilde, pourquoi?

C'est une petite sournoise qui ne dit jamais sa façon de penser.

Elle a l'air d'être de votre avis, et au fond elle pense le contraire.

Elle agit en dessous; elle examine si la maîtresse a les yeux sur elle, et quand elle la voit occupée à écrire ou à expliquer quelque chose au tableau, vite elle fait une niche à sa voisine.

La maîtresse entend du bruit : elle se retourne, mais comme notre sournoise a l'air d'une petite sainte, l'institutrice ne songe pas à l'accuser.

Si Clotilde est fâchée contre une de ses compagnes, elle dissimule sa colère; puis, au moment où l'autre ne s'y attend pas, elle lui envoie un coup de poing ou bien elle la pince.

Vous comprenez maintenant pourquoi l'on n'aime pas Clotilde.

Tout le monde déteste les sournois, et si cette petite fille tient un peu à l'estime et à l'affection de ses parents, de sa maîtresse et de ses compagnes, j'espère qu'elle se corrigera et montrera désormais de la franchise dans ses paroles et dans ses actions.

LX. — Une enfant bien franche.

S'il est quelque chose qui plaise à tout le monde, c'est la franchise.

Vous ne serez donc pas étonnées de voir que, malgré certains petits défauts, Justine est aimée et estimée de sa maîtresse et des autres petites écolières. C'est une enfant très franche.

Un jour, elle avait, par étourderie, renversé de l'encre sur le plancher.

La maîtresse, ne sachant pas qui avait fait cette maladresse, voulait mettre toute la classe en retenue.

Mais Justine s'est levée et elle a dit : « Madame, c'est moi qui ai renversé l'encre : il ne faut pas que mes compagnes soient punies à cause de moi ».

Sa maîtresse lui a pardonné à cause de sa franchise.

On peut se fier à Justine : elle n'agit pas en dessous, elle dit toujours ce qu'elle pense.

Si elle a sujet de se plaindre d'une autre petite fille, elle ne va pas la frapper par derrière.

Elle s'explique avec elle franchement et tout est fini.

De même, quand elle voit qu'elle a tort, elle le reconnaît sans difficulté.

Sa franchise fait excuser ses petits défauts.

LXI. — Une enfant volontaire.

Voici encore une petite fille à qui je n'ai pas de compliments à faire, bien loin de là.

« Mademoiselle Martine, il paraît que vous vous conduisez très mal chez vous?

« A l'école, vous êtes soumise, par force, sans doute, car vous savez bien que vous ne seriez pas la maîtresse.

« Mais à la maison vous êtes, je le sais, une petite volontaire, c'est-à-dire que vous ne connaissez que vos désirs et vos caprices, et que vous ne tenez pas compte de la volonté de vos parents.

« Eh bien, mademoiselle, c'est là le fait d'une méchante petite fille.

« Vos parents savent mieux que vous ce que vous devez faire; votre devoir est donc de leur obéir.

« C'est très mal reconnaître les soins qu'ils ont

eus pour vous, et les sacrifices qu'ils font pour vous élever et vous faire instruire.

« Vous savez pourtant que c'est à vos parents que vous êtes redevable de tout.

« Montrez donc que vous avez du cœur et de la reconnaissance.

« Soyez soumise envers vos parents : c'est ainsi que doit faire une bonne petite fille. »

Vous, mes enfants, tâchez de ne pas mériter les reproches que je viens d'adresser à Martine, afin qu'on ne dise pas que vous êtes des *petites filles volontaires*.

LXII. — Une enfant bien docile.

S'il y a de méchantes petites filles, qu'on est toujours forcé de blâmer ou de gronder, heureusement il y en a aussi qui donnent aux autres le bon exemple.

On peut citer Valentine comme un modèle à ses petites compagnes.

Je ne connais pas d'enfant plus soumise, plus docile.

Aussitôt que son père ou sa mère lui commandent quelque chose, vite elle le fait.

A plus forte raison, elle n'ira pas faire ce qu'on lui a défendu.

L'hiver dernier, il est venu dans le village un homme qui montrait toutes sortes d'animaux curieux : des loups, des ours, des lions, des serpents, etc.

Valentine se faisait déjà une fête d'aller voir cela, car elle avait quelques sous qu'on lui avait donnés comme récompense de sa bonne conduite.

Mais Valentine était très enrhumée et il était à craindre qu'en sortant le soir elle n'eût froid et ne devînt plus malade.

Sa maman lui dit qu'il vaudrait mieux qu'elle se couchât de bonne heure.

Vous pensez que cela fit de la peine à Valentine?

C'est vrai; mais, en petite fille soumise, elle obéit sans murmurer et elle alla se coucher.

Il y en a beaucoup qui, à sa place, auraient boudé, pleuré, trépigné, fait de la peine à leurs parents, parce que ce ne sont pas des enfants dociles.

LXIII. — Élia la petite querelleuse.

Tiens! voilà Élia qui revient en pleurant et la figure égratignée.

Je parie qu'aujourd'hui elle aura reçu une correction; elle se sera querellée et elle n'aura pas été la plus forte.

Je ne la plains pas, car il faut vous dire qu'Élia est une petite querelleuse, c'est-à-dire qu'à propos de rien, elle cherche querelle à ses petites compagnes.

Aussi toutes se sauvent quand elles la voient.

Personne ne veut jouer avec elle, car on connaît bien son mauvais caractère.

Il faut qu'elle se dispute et même qu'elle se batte, si les autres ne veulent pas céder à ses caprices.

Mais, dit un proverbe, *chien hargneux a toujours l'oreille déchirée*; et il est probable qu'aujourd'hui elle a eu affaire à plus forte ou à aussi maligne qu'elle.

Elle a reçu un coup de poing dans la figure et elle a été égratignée.

Croyez-vous que cela va la corriger?

Élia cherche querelle à ses petites compagnes.

Je ne le pense pas; ce n'est pas la première fois que cela lui arrive.

Mes enfants, évitez la société de cette petite querelleuse.

___

LXIV. — Une petite poltronne.

Germaine est poltronne comme un lièvre.

Le soir, en hiver, quand elle rentre de l'école et qu'il fait un peu sombre, elle ne voit partout que des ombres qui l'effrayent. Elle doit pourtant bien savoir que ces tr nes d'arbre qu'elle prend pour des brigands ne peuvent courir après elle pour l'emporter.

Elle est ridicule avec sa poltronnerie.

Le soir elle n'oserait pas rester dans sa chambre sans lumière tant qu'elle n'est pas endormie.

Elle croit toujours qu'il y a des voleurs cachés dans la maison. Ce n'est pas la lumière qui les empêcherait de lui faire du mal ; au contraire, ils y verraient plus clair.

L'autre jour, étant sortie le soir dans la cour, elle rentra en poussant des cris perçants : elle avait vu un homme grimpant après le mur du jardin.

Sa mère la prit par la main et, malgré ses cris, la conduisit droit à l'homme : le prétendu voleur, c'était le paletot de son petit frère accroché au treillage et que sa mère avait oublié de rentrer.

Son petit frère se moque d'elle ; quand il veut rire, il n'a qu'à crier : « Germaine, une souris! » Aussitôt notre poltronne pousse des cris de frayeur et grimpe sur une chaise, de peur que la souris ne lui monte dans les jambes.

Allons, Germaine, un peu plus de courage, songez que vous êtes bien en sûreté dans votre maison, sous la garde de vos parents ; les voleurs ne passent pas à travers les murs, et les souris n'ont pas l'habitude de manger les petites filles.

LXV. — Lise l'étourdie.

Lise est d'une étourderie incroyable.

Elle ne pense ni à ce qu'elle fait, ni à ce qu'elle dit, ni à ce que les autres lui disent.

Ce défaut lui fait faire de nombreuses sottises.

Le matin, elle se lève et s'habille en pensant à autre chose, ce qui lui fait souvent oublier d'aller embrasser son père et sa mère.

Quelquefois elle met ses bas à l'envers; elle sort dans la rue sans s'apercevoir qu'elle est en bonnet de nuit; elle dit bonsoir au lieu de bonjour aux personnes qui passent.

On l'envoie chercher du lait : notre étourdie va chez le boulanger.

Elle est obligée de revenir sur ses pas pour aller chez la laitière; puis, comme elle se trouve en retard, elle veut se hâter et court en regardant de côté et d'autre.

Son pied heurte une pierre, elle tombe et se fait mal au genou : pour comble de malheur, elle a renversé son lait.

Elle arrive à la maison en pleurant et en grand risque d'être sévèrement punie.

A l'école, c'est la même chose : elle n'est jamais à ce qu'on lui dit.

Si l'institutrice lui demande combien font 3 et 2, elle répond qu'il reste 1. Si l'on va faire une dictée, elle prend son cahier d'écriture.

Enfin, c'est une étourdie. C'est un défaut fort ridicule dont elle devrait bien se corriger.

LXVI. — L'enfant qui se tient mal à table.

Dimanche dernier je suis allée dîner chez M. Martin, un brave cultivateur du village de Rigny.

M. Martin et sa femme sont d'excellentes gens, et j'ai passé une agréable soirée avec eux.

Cependant j'ai été très peinée de voir comme leur petite fille Marcelle se tient mal à table.

D'abord sa mise était négligée; elle avait les cheveux ébouriffés; ses mains étaient d'une propreté douteuse; une enfant bien élevée doit soigner sa tenue pour se mettre à table, surtout quand il y a des étrangers.

Puis elle ne mange pas proprement; elle prend souvent des morceaux de viande avec les doigts, qu'elle essuie ensuite sur la nappe.

Elle se tient mal, elle met ses coudes sur la table; elle porte son couteau à la bouche; elle se permet de demander tel ou tel morceau; elle dit qu'elle n'aime pas ceci, qu'elle aime mieux cela.

Elle oublie souvent de dire merci; si elle fait passer devant vous quelque chose pour le donner à une autre personne, elle ne vous demande pas pardon.

Elle se mêle à la conversation, se permet de donner des démentis à ses parents, et souvent elle parle la bouche pleine.

Ce sont là de très mauvaises habitudes, dont Marcelle fera bien de se corriger, si elle veut passer pour une enfant bien élevée.

LXVII. — L'enfant qui se tient bien à table.

Si j'ai fait des reproches à Marcelle de sa mauvaise tenue à table, d'un autre côté, je dois adresser de sincères compliments à Angèle Caron.

Je suis allée dîner aussi chez les parents de cette petite fille.

J'ai rarement vu une enfant de cet âge se conduire aussi bien à table.

Elle ne parlait que lorsqu'on lui adressait la parole.

Elle attendait son tour, sans jamais rien demander, sachant bien qu'on ne l'oublierait pas.

Elle ne mangeait ni trop vite, ni trop lentement, et ne mettait pas plus qu'il ne fallait de nourriture dans sa bouche.

Elle acceptait ce qu'on lui donnait, sans témoigner de préférence pour quoi que ce fût.

Angèle m'a semblé n'être ni gourmande ni mal élevée; j'en ai fait compliment à ses parents.

J'aime à croire, mes chères enfants, que vous profiterez des reproches que j'ai faits à Marcelle et des louanges que j'ai adressées à Angèle.

Vous vous conduirez toujours à table, soit chez vous, soit chez les autres, en petites filles bien élevées.

6.

LXVIII. — Rosine la bavarde.

Rosine Petit est une bonne petite fille; elle n'a pas un mauvais caractère, elle est docile.

D'où vient donc qu'elle est si souvent punie?

Ah! c'est que, voyez-vous, Rosine fait comme beaucoup trop d'entre vous, mes chères petites, elle bavarde en classe.

Elle a, comme on dit ordinairement, la langue trop longue et elle a toujours envie de parler.

Vous comprenez que cela impatiente sa maîtresse, qui est toujours distraite par cette enragée bavarde.

Non seulement Rosine, par son bavardage, perd l'estime de sa maîtresse, mais encore elle se fait du tort à elle-même et elle en fait à ses voisines, avec qui elle parle en ouvrant son bureau pour ne pas être vue.

Lorsque Rosine est en train de bavarder, elle ne peut profiter de ce que dit la maîtresse, pas plus que les enfants qui causent avec elle.

Vous voyez donc, mes amies, qu'il n'est pas avantageux d'être bavarde à l'école, au contraire.

J'espère que Rosine et les petites écolières qui sont bavardes comme elle profiteront de ce que je viens de dire.

Elles garderont leur langue pour réciter leurs leçons et pour répondre aux questions qu'on leur fera.

D'ailleurs cela fait de la peine à leur maîtresse,

et ce sont de méchantes petites filles, celles qui causent du chagrin à leur institutrice.

LXIX. — La petite fille qui n'est pas bavarde.

Bien qu'il y ait beaucoup de petites filles bavardes, on en trouve cependant quelques-unes qui ne le sont pas du tout.

Jamais Estelle ne bavarde en classe; elle est trop occupée de son devoir ou de sa leçon.

Elle sait bien que le temps passé à causer est du temps perdu, et qu'en bavardant elle fait du chagrin à sa maîtresse, ce qu'une bonne écolière doit toujours éviter.

Cependant, si, par hasard, elle a besoin de dire un mot à une compagne, elle en demande la permission et elle l'obtient.

Aussi est-elle plus estimée que Rosine, bien que celle-ci soit une bonne petite fille; et elle est plus instruite, parce qu'elle a mieux profité des leçons de la maîtresse.

Estelle a toujours l'honneur d'être citée aux personnes qui viennent visiter l'école, comme une enfant bien gentille, et qui sait retenir sa langue quand il le faut.

Vous avez là, mes amies, un bel exemple à suivre.

A mesure que vous serez moins bavardes, vous verrez les punitions diminuer et les bons points augmenter.

LXX. — La petite fille moqueuse.

Il ne faut se moquer de personne, surtout des malheureux : ce n'est pas charitable.

Il y a des enfants qui tournent en ridicule de pauvres idiots, ou des boiteux, des sourds, des muets, des borgnes, etc.

Je ne parle pas des aveugles, parce que je ne puis croire qu'il y ait une petite fille assez méchante pour se moquer d'une personne affligée de la plus grande de toutes les infirmités.

Est-ce que ces pauvres gens ne sont pas déjà assez malheureux d'être privés de l'intelligence, de la parole, de l'ouïe, etc.?

Une petite fille de votre âge, nommée Aglaé, avait' le vilain défaut de se moquer de tout le monde. Elle tournait en ridicule ses compagnes à propos de leur toilette, de leur langage, de leurs manières, etc.

Elle se moquait même des malheureux affligés; je l'ai entendue, une fois, dire des insolences à un pauvre sourd qui lui demandait un renseignement.

Un jour que cette petite moqueuse marchait derrière un boiteux en le contrefaisant, elle fit un faux pas et se donna une entorse qui la fit bien souffrir et dont elle fut longtemps à se remettre.

Elle se promit bien alors de se corriger et de n'être plus moqueuse.

Ne vous moquez de personne, mes enfants; vous ne savez pas ce qui peut vous arriver.

LXXI. — La petite fille imprudente.

Il y a beaucoup d'enfants imprudents, qui ne craignent pas assez le danger et qui, par bravade ou par étourderie, s'exposent à des accidents quelquefois terribles.

Léocadie est une de ces enfants-là.

Dans la rue, elle va chercher sa balle ou son

Les insectes le couvrirent de piqûres.

volant jusque sous les pieds des chevaux, elle s'élance, en courant, entre deux voitures qui vont se croiser, sans penser que, si elle venait à tomber, une des voitures lui passerait sur le corps.

Elle va jouer dans des carrières, sous des voûtes de sable qui peuvent s'écrouler et l'étouffer.

C'est comme son frère, qui, l'autre jour, alla donner

un coup de pied dans une ruche d'abeilles; les insectes sortirent en masse et le couvrirent de piqûres, qui le firent cruellement souffrir.

Cependant, la pauvre Léocadie devrait bien être corrigée, car elle a reçu dernièrement une rude leçon.

Elle allait, je ne sais où, en chemin de fer, avec ses parents.

Sa mère lui défendit de se pencher ou d'allonger le bras en dehors des portières.

Elle ne tint aucun compte de cette défense; or, à un moment où la malheureuse enfant avait le bras étendu hors de la portière, le train vint à passer sous un pont de bois; son bras frappa contre un poteau du pont, et fut cassé.

LXXII. — La petite fille prudente.

Ce n'est pas à Elvire que serait arrivé l'accident survenu à Léocadie.

Non certes, Elvire est trop prudente pour cela; elle ne s'exposera pas au danger inutilement.

Si, par exemple, son beau ballon, auquel elle tient tant, venait à rouler devant une voiture, elle aimerait mieux laisser le cheval ou la roue crever le ballon, que de risquer de se faire écraser.

Ce n'est pas qu'elle soit poltronne comme cette petite Germaine dont je vous ai parlé, et qui avait peur de tout; non, Elvire ne s'effraye pas inutilement pour peu de chose, mais elle fuit le danger.

Un jour qu'elle se balançait avec des amies, la balançoire fit entendre un craquement. Elvire descendit aussitôt et conseilla à ses compagnes d'en faire autant, parce que la branche allait casser.

On ne voulut point l'écouter, on la traita de poltronne, et les petites imprudentes continuèrent à se lancer sur la balançoire.

La branche se rompit tout à coup et les deux jeunes filles qui se balançaient furent jetées par terre; l'une d'elles eut le poignet foulé et l'autre se fit une grosse bosse au front.

Alors ses compagnes reconnurent qu'Elvire n'était pas poltronne, mais qu'elle était prudente.

LXXIII. — L'enfant qui n'aime pas sa maîtresse.

Alice n'aime pas sa maîtresse.

Elle la trouve méchante, injuste, et prétend qu'elle cherche toujours à la punir sans sujet et à tout propos.

Mais, ma petite-fille, c'est toi qui es méchante et injuste.

Ta maîtresse veut que tu travailles, afin que tu deviennes instruite.

Est-ce ton malheur qu'elle désire? — Non, bien au contraire, c'est ton bonheur.

Quand elle te voit faire la paresseuse, cela lui cause de la peine, parce qu'elle t'aime malgré tes défauts.

Et si elle te punit, c'est afin de te forcer à travailler pour ton instruction.

Tu bavardes souvent en classe; ta maîtresse ne le veut pas et te punit quand tu ne veux pas l'écouter, pourquoi?

C'est encore uniquement dans ton intérêt, parce que quand tu bavardes, tu perds ton temps.

Une institutrice est affligée de voir ses soins et ses efforts perdus par la faute d'une méchante enfant de ton espèce.

Et tu n'aimes pas ta maîtresse! Tu es une vilaine, tu n'as pas de cœur!

LXXIV. — L'écolière qui aime sa maîtresse.

Joséphine est une bonne écolière.

On pourrait bien lui reprocher de bavarder quelquefois, et de n'être pas toujours très studieuse. Ces petits défauts lui attirent naturellement quelques punitions.

Mais Joséphine les subit sans murmurer : elle sait qu'elle les a méritées.

Cela ne l'empêche pas d'aimer beaucoup sa maîtresse.

Quand elle a été punie, il se trouve des personnes qui lui disent : « Elle est bien méchante, ton institutrice, n'est-ce pas, Joséphine? Aussi tu ne l'aimes pas, bien sûr.

— Vous vous trompez, dit la bonne petite écolière : ma maîtresse n'est pas méchante parce qu'elle cherche à me corriger de mes défauts : je sais très bien qu'elle ne veut que mon bien.

« Elle a donc bien raison de me punir, et quand je réfléchis, je trouve qu'elle ne le fait pas encore toutes les fois que je le mérite.

« Ce n'est pas cela qui m'empêche de l'aimer, bien au contraire; et je vais tâcher d'être plus gentille pour ne pas lui faire de la peine. »

C'est bien répondu, n'est-ce pas? et c'est bien fait pour les mauvaises langues.

LXXV. — Il faut avoir pitié des animaux.

Les animaux, vous le savez, mes chères amies, sont, comme nous, sensibles à la douleur.

Quand il vous arrive quelque accident, vous ressentez une souffrance plus ou moins vive.

Eh bien, pour les animaux, c'est la même chose.

Si vous jetez une pierre à un animal et que vous lui cassiez la patte, il souffre autant que vous si vous veniez à avoir la jambe cassée.

De plus, presque tous nous rendent de grands services, et l'enfant qui leur fait du mal n'est pas seulement un méchant, c'est encore un ingrat.

Quant aux bêtes nuisibles, car il y en a quelques-unes, on ne doit pas les faire souffrir inutilement.

On les tue, quand on peut, mais on ne les torture pas.

Sachez donc, mes enfants, que c'est très mal de se montrer cruel envers les animaux, surtout envers ceux qui nous sont utiles; et que celui qui les mal-

traite ne peut être estimé, car il est bien capable
de se conduire ainsi envers ses semblables.

Ayons pitié des animaux.

LXXVI. — La petite fille méchante envers les animaux.

Marianne devrait bien réfléchir sur ce qui est écrit
au chapitre précédent, car elle est méchante envers
les animaux, qu'elle tourmente à plaisir.

Du reste, elle vient de recevoir une leçon sévère,
qui lui profitera sans doute.

Un jour de la semaine dernière, cette méchante
enfant, dont le plus grand plaisir est de maltraiter
les animaux, vit le chat d'une voisine s'introduire
dans sa maison.

Elle courut vite fermer la porte, et elle se mit à
frapper à coups de bâton la pauvre bête qui ne pouvait lui échapper.

Le chat, faisant entendre des miaulements plaintifs, vint se coucher aux pieds de la méchante petite
fille, pour l'apaiser.

Mais Marianne n'en frappa que plus fort.

Alors l'animal, après avoir essayé en vain de se
soustraire aux coups de la cruelle enfant, fut pris
d'une subite rage.

Il sauta à la figure de Marianne et la couvrit de
morsures et d'égratignures.

Aux cris de l'enfant on accourut, mais trop tard :
le chat lui avait crevé un œil.

Comme je vous le disais, cette cruelle leçon va sans doute lui profiter, et pourra servir d'exemple à d'autres enfants aussi méchantes.

LXXVII. — La bonne petite Blanche.

Toutes les petites filles, par bonheur, ne sont pas aussi méchantes que Marianne.

Il y en a même qui, loin de faire du mal aux animaux, leur font du bien quand elles en trouvent l'occasion.

La bonne petite Blanche est une de ces enfants-là.

Un jour, en passant sur la route, elle entendit des gémissements qui partaient du fossé.

Elle va voir : c'était un pauvre chien qui avait perdu son maître et qui se mourait de faim.

De méchants petits gamins avaient, en passant, jeté des pierres à la malheureuse bête, et son sang coulait.

La bonne petite Blanche eut pitié du pauvre animal.

Elle tira de son panier le pain qu'elle avait pour son goûter et le lui donna.

Le chien se jeta avidement dessus; et quand il eut repris un peu de forces, il vint lécher les mains de sa bienfaitrice.

Blanche s'en alla : mais le chien la suivit à sa maison et ne voulut plus la quitter.

L'enfant ne le renvoya point : elle lava ses blessures, le soigna et le garda avec elle, avec la permission de sa mère.

Azor aime bien sa nouvelle maîtresse, il la suit partout, et si quelqu'un voulait faire du mal à Blanche, gare aux dents d'Azor!

LXXVIII. — Il ne faut pas dénicher les nids des petits oiseaux.

Et ces gentils petits oiseaux, mes enfants, qui charment vos oreilles par leurs jolis chants, vous ne voudrez certainement pas leur faire de mal.

Deux petits dénicheurs.

Du reste, sachez qu'ils nous sont très utiles, car ils détruisent les insectes qui mangeraient nos blés, nos choux, nos pommes, etc.

Cependant, il y a beaucoup de petits garçons et aussi quelques petites filles, qui ne se gênent pas pour dénicher leurs nids.

C'est très mal, cela, mes enfants; c'est très cruel.

Si des hommes méchants venaient vous prendre et vous emmener avec eux, seriez-vous contentes d'être séparées de vos parents?

Et votre pauvre mère, elle en mourrait de chagrin!

Eh bien, en dénichant les petits oiseaux, vous les enlevez à leur mère, qui a eu tant de mal à faire un nid, à couver ses œufs, et à nourrir sa jeune famille.

L'entendez-vous comme elle pousse des cris plaintifs en cherchant ses petits que deux méchants enfants lui ont pris?

Et quand même vous voudriez les élever, est-ce que vous êtes capables de le faire comme leur mère?

Et pourquoi, du reste, les enfermer dans une cage, tandis que vous pouvez les voir tous les jours dans vos jardins et dans les bois?

Mes enfants, ne dénichez pas les oiseaux.

LXXIX. — Un homme qui maltraite les animaux.

Nelly a l'air bien effarée. « Qu'est-ce que tu as donc vu, mon enfant? On dirait que tu as eu peur?

— Madame, c'est que je viens de voir les gendarmes emmener Raoul, le charretier de M. Pincet.

— Et pourquoi les gendarmes emmenaient-ils cet homme?

— Voilà, madame. Raoul montait la côte du Rossay avec trois chevaux attelés à une voiture bien chargée.

Il venait de boire plusieurs coups au cabaret d'en bas.

Les chevaux, fatigués, veulent s'arrêter pour se reposer, mais Raoul ne veut pas; il se met en fureur, il frappe à coups redoublés ces pauvres bêtes qui n'en peuvent plus, et les oblige à continuer leur chemin.

Arrivés au haut de la côte, les pauvres animaux avaient bien gagné de souffler un peu.

Mais le charretier se remit à les frapper brutalement à coups de fouet pour les en empêcher.

Au même instant, des gendarmes passaient.

Ils lui reprochèrent sa brutalité; et comme Raoul leur répondit mal, ils l'empoignèrent et l'emmenèrent avec eux, après avoir fait prévenir M. Pincet.

— Vous avez entendu ce que vient de raconter Nelly, mes enfants : souvenez-vous qu'il ne faut jamais maltraiter les animaux.

————

QUELQUES LECTURES

SUR

LES ANIMAUX ET LES OISEAUX

LES PLUS UTILES

LXXX. — Le cheval.

Ce n'est pas vous, mes enfants, qui voudriez faire du mal au cheval, ce noble animal si utile à tout le monde.

Vous savez que c'est lui qui traîne la charrue pour labourer la terre, la herse pour enterrer le grain, le rouleau pour écraser les mottes, la voiture pour porter le blé dans la grange, ou mener le grain au marché, etc.

Quand vous voulez aller vous promener au loin un jour de congé, c'est encore lui qui vous mène.

A l'écurie, il fait du fumier pour faire pousser les récoltes dans les champs.

Quand il est mort, sa peau sert à faire du cuir, qu'on emploie à tant d'usages.

Sa graisse sert à faire la chandelle qui vous éclaire lorsque la nuit est venue.

Ainsi, vivant ou mort, le cheval nous rend de grands services.

C'est le cheval qui traine la charrue pour labourer la terre.

Vraiment, celui qui maltraite sans raison un si utile animal est une bien méchante créature.

LXXXI. — L'âne.

Et l'âne, ce pauvre animal que tout le monde méprise tant, qu'en dirons-nous?

A entendre beaucoup de gens, il ne mérite guère qu'on s'occupe de lui.

Et cependant si on n'avait pas le cheval, c'est l'âne qui le remplacerait.

Il nous rend en proportion autant de services que le cheval.

Vous savez tous, mes enfants, qu'en général on

maltraite l'âne d'une manière indigne : on l'éreinte
à coups de bâton.

C'est là sa récompense, la pauvre bête !

C'est très mal : car il fait ce qu'il peut, et il n'est
pas méchant.

Je sais bien qu'on dit qu'il est têtu.

Mais, parmi vous, petites filles, n'y en a-t-il pas

L'âne.

quelques-unes qui aient plus ou moins ce défaut?

Vous ne croyez pas, bien sûr, que ce soit là une
raison pour vous rouer de coups de bâton.

Et puis, du reste, si on ne battait pas tant les
ânes, peut-être ne seraient-ils pas si têtus.

Vous savez qu'on prend plus de mouches avec du
miel qu'avec du vinaigre : je crois que par la douceur on viendrait plutôt à bout de dresser les ânes,
que par de mauvais traitements.

LXXXII. — Le bœuf et la vache.

Voici encore deux animaux très utiles et qui nous
feraient bien faute, si nous ne les avions pas.

Dans beaucoup de pays, c'est le bœuf qui traîne la charrue.

C'est avec sa viande que votre maman met le pot-au-feu pour vous faire de bonne soupe.

Avec sa peau on fait du cuir qui sert à fabriquer vos chaussures, les harnais des chevaux, etc.

La vache.

Et la vache, n'est-elle pas utile, elle qui donne son lait pour vous faire votre café ou votre soupe; pour faire de la bouillie à votre petit frère ou à votre petite sœur; pour faire du beurre que vous mangez en tartines, et ce bon fromage que vous aimez toutes?

Nous sommes heureux d'avoir des animaux aussi utiles.

Que deviendrions-nous si nous n'avions ni viande, ni lait, ni beurre, ni fromage, et surtout ni fumier pour faire pousser le blé qui sert à faire du pain?

Aussi devons-nous bien les soigner.

Si vous avez une vache chez vous, il faut la mener aux champs après l'école ou aller lui cueillir de l'herbe.

Il faut bien la traiter, pour qu'elle vous donne son bon lait.

LXXXIII. — La chèvre et la brebis.

Viens donc ici, ma Jeannette, ma bonne petite chèvre.

Comme tu as de grandes cornes! Mais tu n'es pas méchante, n'est-ce pas, ma Jeannette; tu ne veux pas me faire du mal?

Du reste, je ne t'en fais pas, moi.

Tu as donné hier un coup de corne à Léonie qui te faisait enrager : c'est bien fait pour elle.

Viens ici, ma bonne petite chèvre.

Approche, ma Jeannette, mange cette bonne herbe pendant que maman va prendre ton lait pour petit frère.

Et toi, petite brebis, tu n'es pas méchante non plus, et puis, en tous cas, je ne te craindrais pas : tu n'as pas de grandes cornes comme Jeannette.

Mange, ma moutonne, ce bon sainfoin; mais ne va pas manger celui du voisin; tu sais, Médor est là qui te guette.

Dites donc, berger, pourquoi avez-vous coupé le grand poil de moutonne?

A quoi donc peut servir cette longue laine sale?

— Mon amie, cette longue laine sale, on la net-
toiera, on la filera, et on vous en fera des bas chauds
pour l'hiver.

— Ah! je ne savais pas; merci, berger.

LXXXIV. — Le chien.

L'animal le plus attaché à l'homme, c'est le chien.
C'est aussi un des animaux les plus intelligents.

Comme Fidèle est reconnaissant envers Louis.

Que d'exemples vous pouvez prendre sur cette
excellente bête!

Comme Médor est obéissant! son maître n'a pas besoin de l'appeler deux fois.

Comme Azor aime sa maîtresse! comme il saute et gambade lorsqu'il la revoit après quelques moments de séparation!

Comme Fidèle est reconnaissant envers Louis le jardinier qui l'a soigné quand il avait la patte cassée! Comme il accourt lui lécher la main quand il l'aperçoit!

Il y a, mes enfants, des chiens auxquels de bons religieux ont appris à secourir les voyageurs égarés dans la neige et transis par le froid.

Ces religieux demeurent sur une haute montagne, où il fait très froid, et où il y a toujours une grande épaisseur de neige.

Avez-vous vu de pauvres aveugles conduits par de petits chiens, qui au moyen d'une corde guident ces malheureux à travers les rues?

Et dire qu'il y a de méchantes petites filles qui jettent des pierres aux pauvres chiens qu'elles rencontrent!

Que c'est mal, cela, mes amies!

LXXXV. — Le chat.

Minet! Minet! Viens, mon petit Minet, que je te caresse.

Ah! il paraît que tu es content : tu fais ron, ron, en enflant ton dos.

Si je te tirais un peu la queue…. Miaou? pfff….

— Aïe! le méchant Minet, il m'a égratignée!

— Ma petite amie, je ne vous plains pas : vous n'avez que ce que vous méritez.

Le chat.

Si vous n'aviez pas tourmenté Minet, il ne se serait pas fâché : les chats, quand on ne leur fait pas de mal, ne sont pas méchants.

J'ai vu l'autre jour de petits vauriens qui se faisaient un plaisir d'en assommer un à coups de pierres.

C'est indigne, d'autant plus que les chats sont très utiles.

Est-ce que vous seriez contentes si, la nuit, vous sentiez les souris et les rats courir sur votre lit, ou s'ils mangeaient votre blé dans la grange?

C'est ce qui arriverait si les chats ne leur faisaient pas la guerre.

Il faut donc être reconnaissant envers ceux-ci des services qu'ils nous rendent.

Je sais bien qu'ils sont un peu gourmands.

Mais il n'y a pas que les chats qui soient gourmands, n'est-ce pas, Élise?

LXXXVI. — La poule.

Émilie a une belle poule blanche, bien gentille, bien mignonne, et qui n'est pas du tout sauvage : elle vient manger dans sa main.

L'autre jour, elle fut très étonnée d'être mal

La poule et ses poussins.

reçue par Cocotte, qui courut après elle pour lui donner des coups de bec.

C'est que Cocotte a des petits poulets.

Elle les aime tant, ses chers poussins, qu'elle ne veut pas qu'on en approche, de peur qu'il ne leur arrive du mal.

Elle a eu tant de peine, cette pauvre Cocotte, après avoir pondu une douzaine d'œufs, à les couver pour faire éclore de petits poulets!

Et encore Émilie lui a dérobé quelques œufs pour faire une ou deux omelettes.

Cette poule, si tendre et si vigilante pour ses petits, c'est l'image de votre mère, mes enfants.

Votre chère maman qui a eu et qui aura encore tant de mal à vous élever, comme elle a peur qu'il ne vous arrive quelque chose de fâcheux !

Comme elle a soin de vous ! Comme elle vous fait de bonnes recommandations, que vous n'écoutez pas toujours, petites méchantes !

Eh bien, quand vous verrez une poule avec ses poussins, pensez à votre tendre mère et aimez-la comme elle vous aime.

LXXXVII. — L'hirondelle.

Je vais vous parler, mes enfants, d'un oiseau que vous connaissez tous : de l'hirondelle, cette bonne

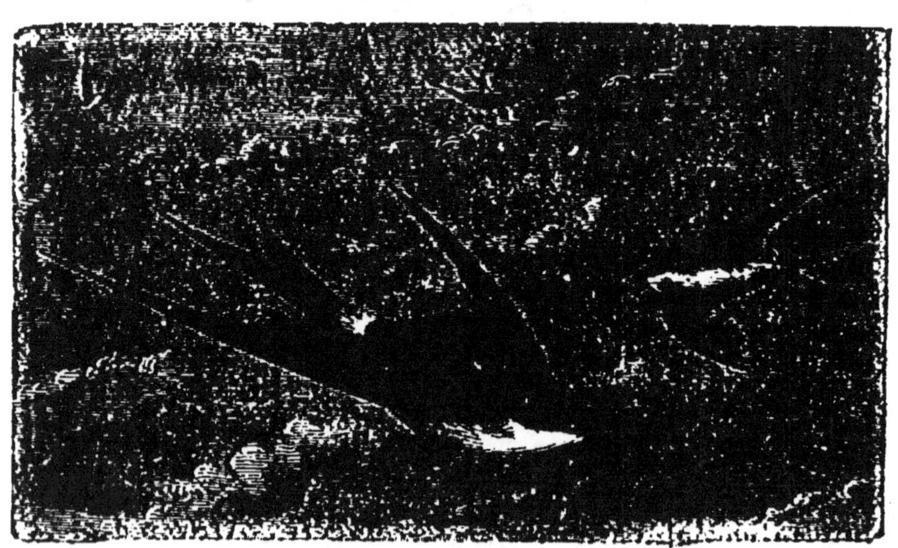

L'hirondelle.

petite hirondelle qui fait son nid dans votre cheminée ou sous le rebord du toit de votre maison.

Je n'ai jamais entendu dire que quelqu'un ait fait du mal à ces oiseaux : tout le monde comprend combien de services ils nous rendent.

L'hirondelle ne se nourrit que d'insectes, qu'elle saisit prestement au vol : car cet oiseau ne mange et ne boit qu'en volant.

Jugez combien elle doit en détruire, et de combien d'ennemis elle nous débarrasse !

L'hirondelle, vous le savez, nous quitte à l'approche de l'hiver, et s'en va dans des pays très éloignés, où il ne fait pas froid à cette époque-là.

Puis, voyez, mes enfants, combien est grand son instinct.

Elle revient au printemps et retrouve le nid qu'elle a laissé en partant.

Qui est-ce qui lui a indiqué son chemin, dans son voyage de plus de mille lieues?

Il arrive très souvent qu'à leur retour, les hirondelles entrent dans les maisons, en faisant de petits *cui, cui, cui,* comme pour dire bonjour aux habitants.

Aimez et protégez les hirondelles.

LXXXVIII. — La mésange.

« Qu'as-tu là dans ta main, Marguerite?

— Mademoiselle, ce sont de petites mésanges que j'ai dénichées dans un trou du mur de notre jardin.

— Des mésanges! Malheureuse! veux-tu bien vite reporter ces pauvres petits oiseaux où tu les as pris!

« Tu sais bien qu'on ne doit jamais dénicher les petits oiseaux, et surtout les mésanges, qui font tant de bien.

« D'ailleurs tu n'en peux tirer aucune utilité.

La mésange à longue queue.

« Si c'est pour les manger, leur chair n'est pas bonne.

« Si c'est pour les élever, tu n'y réussiras pas; les mésanges ne se nourrissent que de chenilles et autres insectes; tu ne pourras jamais en trouver assez pour les faire vivre.

« Allons, Marguerite, va reporter dans leur nid ces pauvres petits.

« Je suis sûre que la mère a déjà bien de la peine : l'entends-tu remplir l'air de ses cris plaintifs?

« C'est être bien méchante que de faire du mal à des oiseaux si utiles.

« Les insectes mangeraient tout ce qu'il y a dans nos jardins, si les mésanges, les hirondelles et d'autres oiseaux ne leur faisaient une guerre acharnée. »

LXXXIX. — La fauvette et le rouge-gorge.

« Connaissez-vous ces jolis petits oiseaux si vifs, si remuants, qui dans vos jardins sautent de branche

La fauvette.

en branche, en faisant entendre de joyeux *cui, cui?* Ce sont des fauvettes.

« Cette espèce d'oiseaux est très nombreuse : les bois en sont remplis.

« La fauvette fait aussi la chasse aux insectes.

« Elle n'a pas un beau plumage; mais cela ne

l'empêche pas d'être très gaie, et de toujours chanter.

« Je suis sûre que pas une de vous ne songerait à faire du mal à une aussi bonne petite bête.

— Tenez, mademoiselle, là, au pied de cet arbre, ce nid en feuilles de chênes? est-ce un nid de fauvette? Il y a cinq œufs d'une couleur bleuâtre.

— Non, mes amies, c'est un nid de rouge-gorge.

« C'est aussi un mangeur d'insectes, celui-là.

« Il nous vole bien un peu de raisin au moment de la vendange; mais il faut lui pardonner; les insectes qu'il a mangés en auraient dévoré beaucoup plus que lui.

« Le rouge-gorge est facile à reconnaître à la couleur jaune-rouge de sa poitrine et de sa gorge.

Ce n'est pas un oiseau sauvage, il voltige toujours autour des gens.

Entendez-vous? *tiritt*, *tiritt*. C'est la mère qui revient à son nid. Allons-nous-en.

XC. — Le pinson et le chardonneret.

« Qu'est-ce que vous regardez dans ce pommier, Rose?

— Il y a deux nids, madame, deux jolis petits nids bien faits, tout pareils.

— En effet, deux petits nids, fort bien construits. Mais ils ne sont pas tout pareils, comme vous dites : en regardant à l'intérieur, vous verrez qu'il y a une petite différence.

« Dans l'un il y a de la laine : c'est un nid de chardonneret; dans l'autre il y a du crin : c'est un nid
de pinson.

« Ce sont deux charmants oiseaux.

Le chardonneret.

« Le pinson vous est peut-être plus connu : il vient
plus près des habitations que le chardonneret.

« Vous le voyez souvent sautiller dans la cour,
cherchant les miettes que vous avez laissé tomber.

« Ses petites manières sont vives et gaies, c'est
pour cela que je dis quelquefois à Louise qu'elle
est gaie comme un pinson.

« Vous voyez moins souvent le chardonneret : il
cherche sa vie dans les champs; car il se nourrit de
toutes sortes de graines, mais surtout de graines de
chardons.

« C'est un de nos plus jolis oiseaux.

« Comme son plumage est richement colorié !

« Pauvre oiseau, cela est cause que beaucoup de
gens le prennent pour l'enfermer dans une cage !
S'il était moins brillant, il serait plus libre !

APPENDICE

—

POÉSIES DIVERSES

———

I. — Les voleurs et l'âne.

Pour un âne enlevé deux voleurs se battaient.
L'un voulait le garder, l'autre voulait le vendre.
Tandis que coups de poing trottaient
Et que nos champions songeaient à se défendre,
Arrive un troisième larron
Qui saisit maître Aliboron.

(La Fontaine.)

———

II. — La poule aux œufs d'or.

L'avarice perd tout en voulant tout gagner.
Je ne veux, pour le témoigner,
Que celui dont la poule, à ce que dit la fable,
Pondait tous les jours un œuf d'or.
Il crut que dans son corps elle avait un trésor :
Il la tua, l'ouvrit, et la trouva semblable
A celles dont les œufs ne lui rapportaient rien,
S'étant lui-même ôté le plus beau de son bien.

(La Fontaine.)

III. — Le renard et les raisins.

Certain renard gascon, d'autres disent normand,
Mourant presque de faim, vit au haut d'une treille
Des raisins mûrs apparemment,
Et couverts d'une peau vermeille.
Le galant en eût fait volontiers un repas ;
Mais comme il n'y pouvait atteindre :
« Ils sont trop verts, dit-il, et bons pour des goujats. »
Fit-il pas mieux que de se plaindre ?

(La Fontaine.)

IV. — La perdrix.

Quand la perdrix
Voit ses petits
En danger, et n'ayant qu'une plume nouvelle,
Qui ne peut fuir encor par les airs le trépas,
Elle fait la blessée, et va, traînant de l'aile,
Attirant le chasseur et le chien sur ses pas,
Détourne le danger, sauve ainsi sa famille,
Et puis, quand le chasseur croit que son chien la pille,
Elle lui dit adieu, prend sa volée et rit
De l'homme qui, confus, des yeux en vain la suit.

(La Fontaine.)

V. — L'obéissance.

A ses parents l'obéissance
N'est pas pour un enfant seulement un devoir ;
C'est sa sûreté, sa défense
Au milieu des dangers qu'il ne saurait prévoir.

(Didot.)

VI. — Fuyons l'oisiveté.

Comme un poison mortel fuyons l'oisiveté :
Elle est l'arbre du mal, son fruit est infecté;
Elle devient pour nous pire que cette rouille
Qui s'attache aux métaux, qui les ronge et les souille.

(Didot.)

VII. — Petite mère.

La nuit, lorsque je sommeille,
Qui vient se pencher sur moi?
Qui sourit quand je m'éveille?
Petite mère, c'est toi.

Qui m'apprend comment on donne
A de plus pauvres que soi?
Qui pour tous est bonne?
Petite mère, c'est toi.

Qui, me montrant comme on aime,
Sans cesse pensant à moi,
Me chérit plus qu'elle-même?
Petite mère, c'est toi.

Quand te viendra la vieillesse,
A mon tour veillant sur toi,
Qui te rendra ta tendresse?
Petite mère, c'est moi.

(Mme S. Hue.)

VIII. — La chandelle et la lanterne.

Une chandelle, un jour, disait à la lanterne :
« Pourquoi de ton foyer me faire une prison?

Ton vilain œil-de-bœuf rend ma lumière terne;
Ouvre-toi, qu'à mon gré j'éclaire l'horizon. »
La lanterne obéit; l'autre, qu'y gagne-t-elle?
Bonsoir! un coup de vent a soufflé la chandelle.

(*Le Bailly.*)

IX. — La renoncule et l'œillet.

La renoncule un jour dans un bouquet
Avec l'œillet se trouva réunie :
Elle eut le lendemain le parfum de l'œillet.
On ne peut que gagner en bonne compagnie.

(*Béranger.*)

X. — La fourmi.

Sur les cornes d'un bœuf revenant du labeur,
Une fourmi s'était nichée.
« D'où viens-tu, lui cria sa sœur,
Et que fais-tu si haut perchée?
— D'où je viens, ma commère? eh! peux-tu l'ignorer?
Nous venons de labourer. »

(*P. Villers.*)

XI. — Il ne faut jamais mentir.

Il ne faut, mes enfants, ni tromper ni mentir :
L'honnête homme toujours dit la vérité pure.
Soit pour vous excuser, soit pour divertir,
Ne vous permettez pas la plus faible imposture.

(*Morel de Vindé*)

XII. — La guenon, le singe et la noix.

Une jeune guenon cueillit
Une noix dans sa coque verte.
Elle y porte la dent, fait la grimace.... « Ah ! certe,
Dit-elle, ma mère mentit
Quand elle m'assura que les noix étaient bonnes !
Puis, croyez aux discours de ces vieilles personnes
Qui trompent la jeunesse ! Au diable soit le fruit ! »
Elle jette la noix. Un singe la ramasse,
Vite entre deux cailloux la casse,
L'épluche, la mange et lui dit :
« Votre mère eut raison, ma mie,
Les noix ont fort bon goût ; mais il faut les ouvrir.
Souvenez-vous que dans la vie,
Sans un peu de travail on n'a pas de plaisir. »
(Florian.)

XIII. — L'orange.

Un jeune enfant mordait dans une orange :
« Oh ! s'écria-t-il en courroux,
Le maudit fruit ! se peut-il qu'on le mange !
Qu'il est amer ! on le disait si doux !
— Faux jugement, lui répondit son père :
Otez cette écorce légère,
Vous reviendrez de votre erreur. »
Ne jugeons pas toujours sur un dehors trompeur.
(Florian.)

XIV. — L'enfant et le chat.

Tout en se promenant, un bambin déjeunait
De la galette qu'il tenait.

Attiré par l'odeur, un chat vient, le caresse,
Fait le gros dos, tourne et vers lui se dresse :
« Oh! le joli minet! » Et le marmot charmé
Partage avec celui dont il se croit aimé.
Mais le flatteur à peine obtient ce qu'il désire.
        Qu'au loin il se retire.
« Ah! ah! ce n'est pas moi, dit l'enfant consterné,
Que tu suivais ; c'était mon déjeuné. »
                                        (*Guichard.*)

XV. — Le chat et le fromage.

Un rustre en son buffet avait mis un fromage,
Lorsque par une fente il aperçoit un rat ;
        Vite il y fait entrer son chat,
        Afin d'empêcher le dommage ;
        Mais notre mitis aux aguets
Mange le rat d'abord, et le fromage après.
                                        (*Le Bailly.*)

XVI. — Le tuteur.

« Délivre-moi, disait une rose trémière
        A sa petite jardinière,
        De cette perche auprès de moi,
Qui me gêne et me nuit, qui m'étouffe et me blesse!
— Je te l'ai mise exprès pour garder ta faiblesse.
        — Me garder, vraiment! et de quoi?
Je me tiens toute seule en parfait équilibre;
        Je suis grande et veux être libre! »
        La jardinière enleva le tuteur.
Arrive un coup de vent : il emporte la fleur.

Songez-y, mes enfants, s'il vous prenait l'envie
D'échapper à la main qui fait votre soutien,
C'est un bien grand malheur pour l'enfance et la vie,
Que de n'être tenu par rien.

(L. Ratisbonne.)

XVII. — La cigale et la fourmi.

La cigale ayant chanté
　Tout l'été,
Se trouva fort dépourvue
Quand la bise fut venue :
Pas un seul petit morceau
De mouche ou de vermisseau !
Elle alla crier famine
Chez la fourmi sa voisine,
La priant de lui prêter
Quelque grain pour subsister
Jusqu'à la saison nouvelle.
« Je vous payerai, dit-elle,
Avant l'août, foi d'animal,
Intérêt et principal. »
La fourmi n'est pas prêteuse :
C'est là son moindre défaut.
« Que faisiez-vous au temps chaud?
Dit-elle à cette emprunteuse.
— Nuit et jour à tout venant
Je chantais, ne vous déplaise.
— Vous chantiez! j'en suis fort aise :
Eh bien! dansez maintenant. »

(La Fontaine.)

XVIII. — Le loup et l'agneau.

La raison du plus fort est toujours la meilleure :
Nous l'allons montrer tout à l'heure.
Un agneau se désaltérait
Dans le courant d'une onde pure;

Le loup et l'agneau.

Un loup survient à jeun, qui cherchait aventure,
Et que la faim en ces lieux attirait.
« Qui te rend si hardi de troubler mon breuvage?
Dit cet animal plein de rage :
Tu seras châtié de ta témérité.
— Sire, répond l'agneau, que Votre Majesté

8.

Ne se mette pas en colère ;
Mais plutôt qu'elle considère
Que je me vas désaltérant
Dans le courant,
Plus de vingt pas au-dessous d'elle ;
Et que, par conséquent, en aucune façon,
Je ne puis troubler sa boisson.
— Tu la troubles, reprit cette bête cruelle ;
Et je sais que de moi tu médis l'an passé.
— Comment l'aurais-je fait si je n'étais pas né ?
Reprit l'agneau, je tette encor ma mère.
— Si ce n'est toi, c'est donc ton frère.
—Je n'en ai point. — C'est donc quelqu'un des tiens
Car vous ne m'épargnez guère,
Vous, vos bergers et vos chiens.
On me l'a dit : il faut que je me venge.
Là-dessus, au fond des forêts
Le loup l'emporte, et puis le mange
Sans autre forme de procès.

(La Fontaine.)

XIX. — Le lion et le rat.

Il faut, autant qu'on peut, obliger tout le monde :
On a souvent besoin d'un plus petit que soi.
De cette vérité deux fables feront foi,
Tant la chose en preuves abonde.

Entre les pattes d'un lion
Un rat sortit de terre assez à l'étourdie.
Le roi des animaux en cette occasion
Montra ce qu'il était, et lui donna la vie.
Ce bienfait ne fut pas perdu.
Quelqu'un aurait-il jamais cru
Qu'un lion d'un rat eût affaire ?
Cependant il avint qu'au sortir des forêts,
Ce lion fut pris dans des rets

Dont ses rugissements ne le purent défaire.
Sire rat accourut, et fit tant par ses dents
Qu'une maille rongée emporta tout l'ouvrage.

Le lion et le rat.

Patience et longueur de temps
Font plus que force ni que rage.
                    (La Fontaine.)

XX. — La colombe et la fourmi.

L'autre exemple est tiré d'animaux plus petits.
Le long d'un clair ruisseau buvait une colombe,
Quand sur l'eau se penchant une fourmis[1] y tombe :
Et dans cet océan l'on eût vu la fourmis
S'efforcer, mais en vain, de regagner la rive.
La colombe aussitôt usa de charité :
Un brin d'herbe dans l'eau par elle étant jeté,
Ce fut un promontoire où la fourmis arrive.
        Elle se sauve; et là-dessus
Passe un certain croquant qui marchait les pieds nus.

1. Maintenant on écrit *fourmi* sans *s*.

Ce croquant, par hasard, avait une arbalète.
Dès qu'il voit l'oiseau de Vénus,
Il le croit en son pot, et déjà lui fait fête.
Tandis qu'à le tuer mon villageois s'apprête,
La fourmis le pique au talon.
Le vilain retourne la tête :

·La colombe et la fourmi.

La colombe l'entend, part et tire de long.
Le souper du croquant avec elle s'envole;
Point de pigeon pour une obole.

(*La Fontaine.*)

XXI. — Les dix commandements de l'écolière.

1. A la classe tu te rendras
   Toujours très ponctuellement.
2. Avec soin ton devoir feras,
   Et l'écriras bien proprement.

3. Tes leçons étudieras
   Et apprendras parfaitement.
4. Et surtout ne bavarderas
   Pendant la classe aucunement.
5. Dame paresse éviteras,
   Et fuiras soigneusement.
6. De l'institutrice suivras
   Les avis très docilement.
7. Bonne compagne tu seras :
   On t'aimera certainement.
8. Tous les soirs tu retourneras
   A ta maison tranquillement.
9. Les passants tu salueras
   Toujours respectueusement.
10. En faisant cela, tu seras
    Bonne écolière assurément.

(A. F. C.).

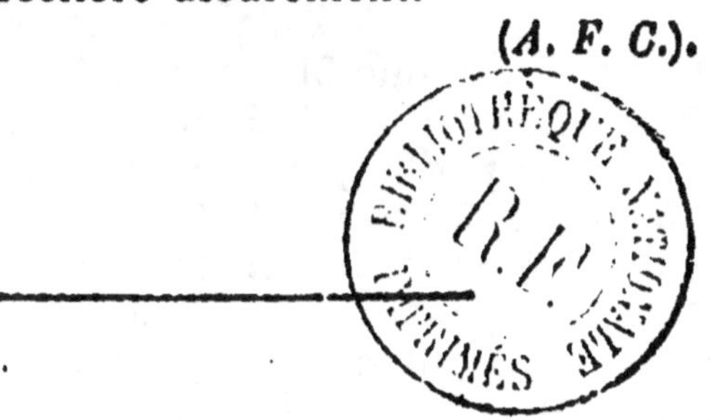

TABLE DES MATIÈRES

APPENDICE

POÉSIES DIVERSES

Coulommiers. — Imp. PAUL BRODARD. — 559-98

www.ingramcontent.com/pod-product-compliance
Lightning Source LLC
LaVergne TN
LVHW020206030726
842520LV00003B/906